Ce livre de :

souvenirs
de mon école.

Appartient à l'élève :

....

Classe de :

....

Ecole de :

....

ce livre est dédié à mes frères, Yves, Pierre et Antoine.

NOËL 2005
par Fabienne et Olivier

François Bertin

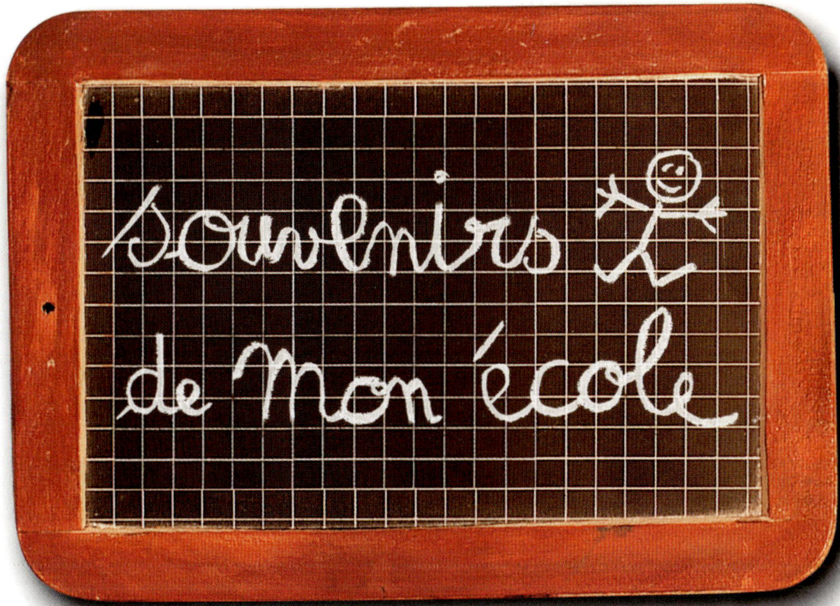

Editions Ouest-France

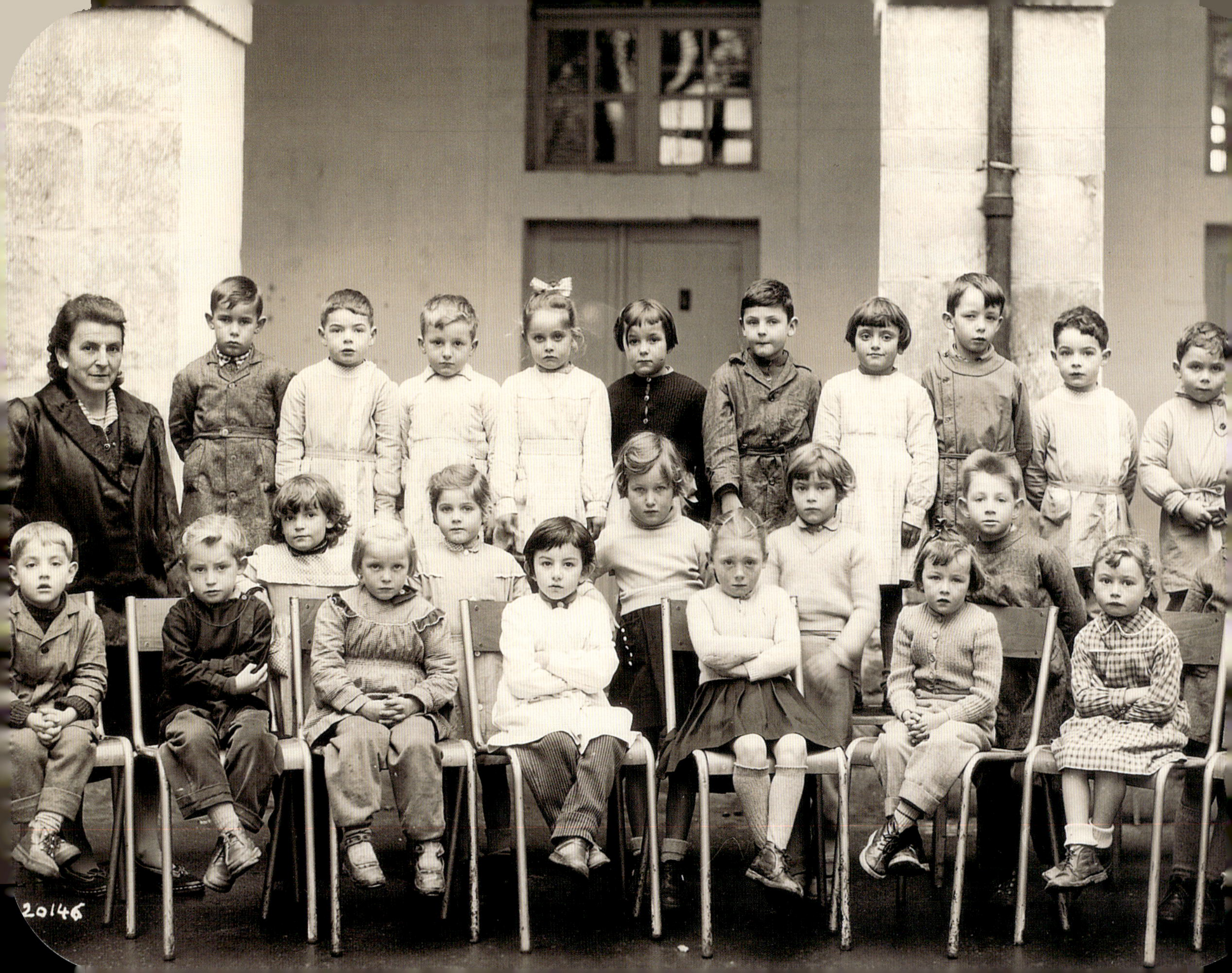
20146

C'était en 1956…

Je suis dans la rangée du haut, sanglé dans mon sarrau bleu clair à bande blanche. Ma maîtresse Madame Bobin est tout près de moi. Je suis séparé de la meilleure de la classe par mon copain Crinon. C'est ma première année au collège. Je suis en onzième et je suis - encore pour quelques années - un habitué du tableau d'honneur. On reconnaît mon petit frère Pierre au fait qu'il porte exactement le même sarrau que moi et à l'extrême bout du rang, il y a mon copain Mino à côté de son cousin Monnier.

De cette école, je n'ai gardé que des instants merveilleux.

Des peurs, des angoisses mais aussi des joies indicibles et des premiers émois amoureux - elle s'appelait Chantal. Instants fragiles et riches que j'ai essayé de restituer au fil de ces pages. J'ai décidé de citer les vrais noms de mes professeurs et camarades tant je suis persuadé que chacun sera heureux de s'y retrouver. Et je sais que tous me pardonneront de les avoir brusquement mis en lumière.

C'était chouette, l'école…

François

ANIA
CHICORÉE
LEROUX
ORCHIES

Mon Banania du matin...

Mon Banania, c'est sacré. Quand j'écoute la radio, je sais que ça va m'éviter de connaître le "coup de pompe de onze heures". Quand je descends de ma chambre, l'odeur est déjà là qui m'attend. Deux tartines de miel, mon grand bol de chocolat fumant et je suis prêt à affronter la dure condition d'un écolier de huit ans. Le nez dans mon bol, je communie avec les bruits de la maison. J'entends la radio qui murmure dans la salle à manger. Le parfum de mon père qui est déjà parti faire ses premières visites se mêle aux effluves du chocolat.

La voix de Maman me ramène sur terre :"François, dépêche-toi de finir ton bol, tu vas être en retard..."

économies...

C'est la rentrée…

Le coup de cloche est impératif, brisant net le brouhaha de la cour. Les jeux s'arrêtent, les billes s'enfouissent au fond des poches. On attrape, qui son cartable, qui sa gibecière et on court s'aligner à l'angle du préau. Le silence est alors presque établi, à peine ponctué du raclement des sabots et de quelques rires étouffés.

"Avancez… et en silence !"

Le raclement se fait cavalcade pour escalader le perron qui mène à la salle de classe. Une fois dans la haute et vaste pièce, chacun se précipite sur son portemanteau pour y suspendre la lourde pèlerine gorgée de pluie, le béret, le capuchon de forte toile.

Chacun regagne sa place tirant et poussant son cartable. Le maître passe dans les rangs pour contrôler l'état de propreté des mains. Malheur à qui se présente avec des ongles noirs ou les doigts souillés de terre. L'eau de la fontaine dans la cour est la sanction immédiate… et glacée.

La règle claque sèchement sur le bureau.

"Asseyez-vous… et en silence !"

Pas de doute, c'est la rentrée.

mon cartable, c'est mon copain...

*Mon cartable, c'est mon copain.
On est inséparables. J'y enfourne mon plumier, ma boîte de crayons de couleur, mes livres et mes cahiers mais aussi quantité de ces petites choses qui font toute ma joie : deux petits soldats en plastique des Cafés Herpin, un calot en verre d'une taille exceptionnelle, un jeu de pousse-pousse avec une tête de clown et un "Akim", magazine prêté par mon copain Didier qui récupère les illustrés du salon de coiffure de ses parents.*

Les plumes Sergent-Major

Au début, elles nous inquiétaient un peu. Serrées dans leur boîte, elles présentent une pointe menaçante, mais il suffit de les apprivoiser un peu pour qu'on puisse les prendre sans se piquer. Sur la boîte, c'est marqué "Sergent-Major". Avec Didier, on a regardé dans le Larousse de la classe et on n'a rien compris. Un sergent-Major, c'est un soldat. Pourquoi une plume porte-t-elle le nom d'un soldat ?... Alors avec Didier on s'est mis à imaginer tous les soldats portant leur petite plume dans un étui spécial à côté de la baïonnette. Et Didier a aussitôt dessiné un soldat armé d'un fusil avec une plume-baïonnette.

Une blouse neuve pour la rentrée

A chaque rentrée, après un essayage qui prouve à l'autorité maternelle que "décidément nous grandissons", maman nous entraîne au "grand magasin des nouveautés" afin de reconstituer notre trousseau scolaire. Comme nous sommes à quelques jours de la rentrée, nous y rencontrons pas mal de nos copains d'école qui font la même chose avec leurs mères. Ça chahute pas mal dans les rayons et surtout autour des cabines d'essayage quand mes frères essaient des pantalons beaucoup trop longs pour eux. Au rayon des blouses, côté couleur, ce n'est pas la joie.

Quand l'instituteur voit rouge…

… c'est que la punition n'est pas loin. Seul, le maître a droit à la petite bouteille d'encre rouge. Elle est à la fois le symbole de son autorité et l'expression de la justice immanente du savoir. Le porte-plume trempé dans l'encre rouge est comme une épée de Damoclès au-dessus de la tête de l'écolier.

Aller à l'école, c'est dangereux...

C'est papa qui me l'avait donné pour que je mette mes dessins dedans. C'était un grand carton recouvert de cuir rouge plié au milieu. Papa m'a dit que ça servait à mettre les menus dans les restaurants. Dedans, il y a une grande feuille, comme une bande dessinée. C'est pour nous apprendre à être prudent quand on va à l'école.
C'est trop dangereux l'école.
Je me demande si je vais continuer à y aller.

De toutes les couleurs…

Moi, j'aime bien colorier. Pour la rentrée, Maman m'a acheté une boîte de crayons de couleur. Une grande avec au moins douze couleurs différentes. Mon copain Patrice, il a des crayons, tu peux peindre avec. Il crache sur un coin de son pupitre, puis il trempe son crayon de couleur dedans. Au début, il mouillait carrément la pointe du crayon dans sa bouche, mais c'était pas très bon au goût et il s'en mettait partout. Alors maintenant, pour diluer, il laisse couler un filet de salive directement sur le dessin. C'est pas terrible comme idée et personne ne veut de ses dessins après.

Le cahier du Maître...

On ne sait pas ce qu'il écrit, le Maître, dans son grand cahier recouvert de papier brun. Quand il nous appelle à son bureau, on peut quelquefois jeter un coup d'œil à la dérobée. Il y a de grandes colonnes avec plein de trucs écrits dans des cases. Dans une grande liste, je reconnais mon nom avec, à côté, plein de petits bâtons alignés comme à la parade. C'est quoi, les bâtons ? Bonne note ou mauvaise note ?...

Du papier bleu pour recouvrir les livres...

Nous sommes rentrés de l'école avec nos livres. Les cartables anémiques et flambant neufs du matin reviennent avec un embonpoint prometteur. Maman a tout préparé. Les couvertures brillantes et éclatantes de couleur vont immédiatement être recouvertes d'une cuirasse de papier opaque et uniformément bleu. C'est le même papier qu'on utilise pour emballer les bougies et les pains de sucre. Grâce à un pliage savant renforcé par des bandes d'entourage de timbres-poste, le livre disparaît alors dans un brusque anonymat. Seule une étiquette gommée, la même que pour les confitures, soigneusement remplie par Maman permet d'identifier le livre.

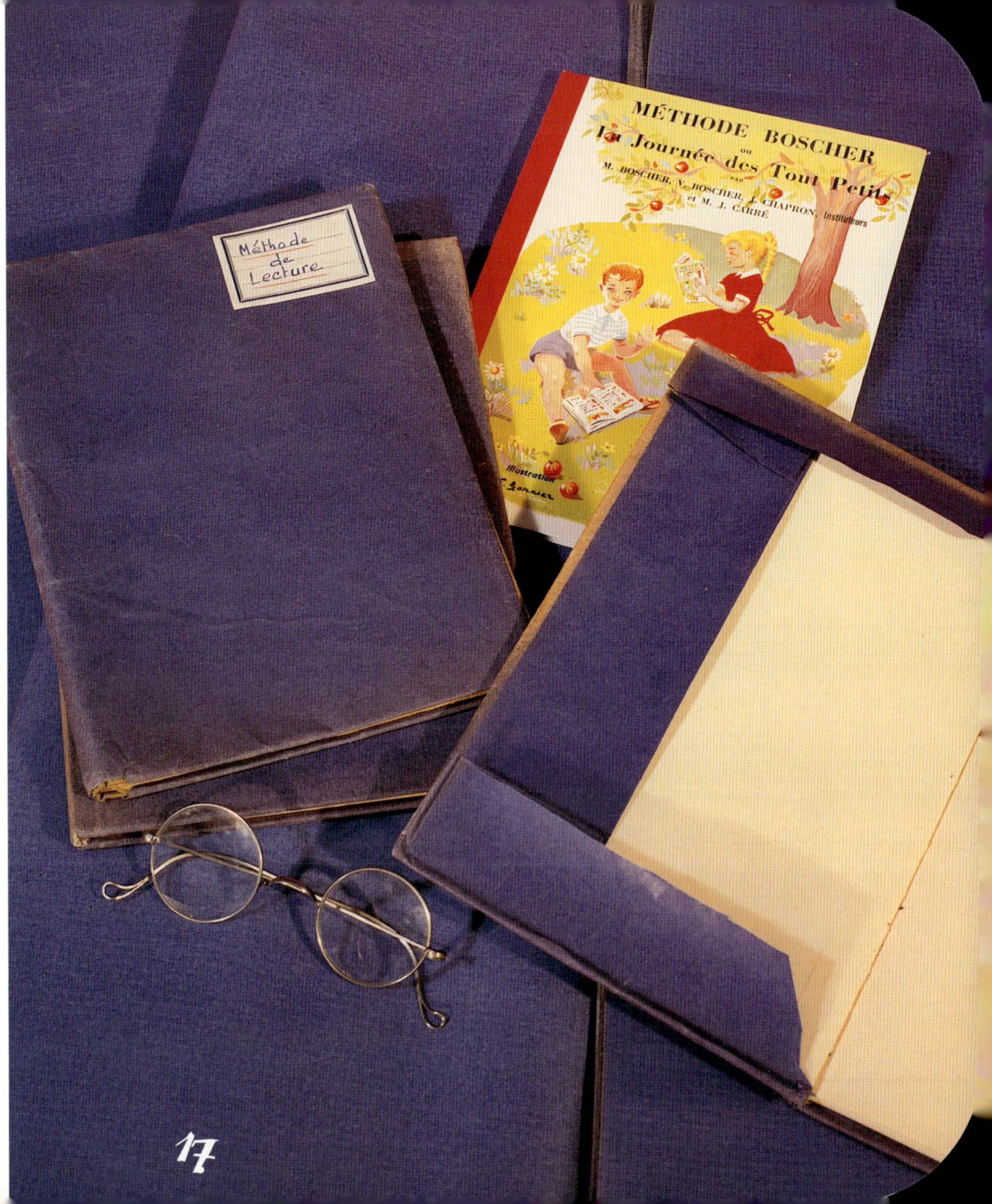

feu
neu ve. dé jeu ne.
jeu. mon ne veu
meu lé du meu lin
à la foire jeudi.
Morale
Personne ne croit plus le menteur,
même quand il dit la vérité.
René Bazin.

Ma classe…

Elle sent bon, ma classe. Quelquefois, je suis puni. Je ne vais pas en récréation. Le Maître me donne une page de mon livre de lecture à recopier sur mon cahier du jour au lieu d'aller jouer dans la cour. J'aime pas la punition mais j'aime bien rester tout seul dans la classe. Elle sent bon, ma classe. Elle sent l'encre et l'encaustique, quelquefois les fleurs que le "chouchou" a apportées ce matin. Comme j'écris assez vite, j'ai tout mon temps pour regarder autour de moi. Je n'ose pas me lever pour aller voir de plus près l'armoire grillagée où Monsieur Crolard enferme la chaîne d'arpenteur, le grand rapporteur et le grand compas du tableau. Du dehors me parviennent les cavalcades et les cris de mes copains.

Le claquement de la poignée de la porte me fait lever les yeux. C'est Monsieur Crolard : "Si tu as fini, tu peux aller en récréation…" Je mets mon porte-plume dans la rigole de mon pupitre et referme mon cahier. Je ne peux quand même pas lui dire que je préfère rester en classe.

Le seau qui fait des huit...

Pendant longtemps, chez les petits, on s'est demandé ce qu'il pouvait bien fabriquer, le Père Brillet, à tourner comme ça en rond dans la salle après la classe. Le Père Brillet était un vieux bonhomme qui sonnait la cloche, accueillait les élèves en retard et faisait des petits travaux dans l'école. Il était à la fois craint et estimé. Le balai d'une main, il promenait une sorte de bidon pointu d'où semblaient s'écouler des gouttes d'eau. Un "grand" qui avait tout vu, disait qu'il faisait des "huit" avec son eau sur le parquet. Et chacun d'entre nous de rêver à cette époque bénie où, quand on sera grand, on pourra impunément inonder le plancher de la classe… en faisant des huit.

Rose pour les filles...

Moi, ma blouse - mon sarrau comme dit Maman - est toute noire avec une fine bande rouge et des boutons de même couleur. Mes copains ont pratiquement tous la même sauf Patrice et Vincent qui ont des blouses bleues. Les filles, c'est pas pareil. Elles ont des blouses bleu très pâle ou roses avec des petits plis et des boutons bien dessinés. Maman dit que les filles, c'est plus soigneux et que les taches d'encre se voient moins sur le noir. Quand je regarde mes mains et ma blouse à la fin de la journée, je me dis que les mamans, ça a souvent raison.

L'alcool qui fait peur…

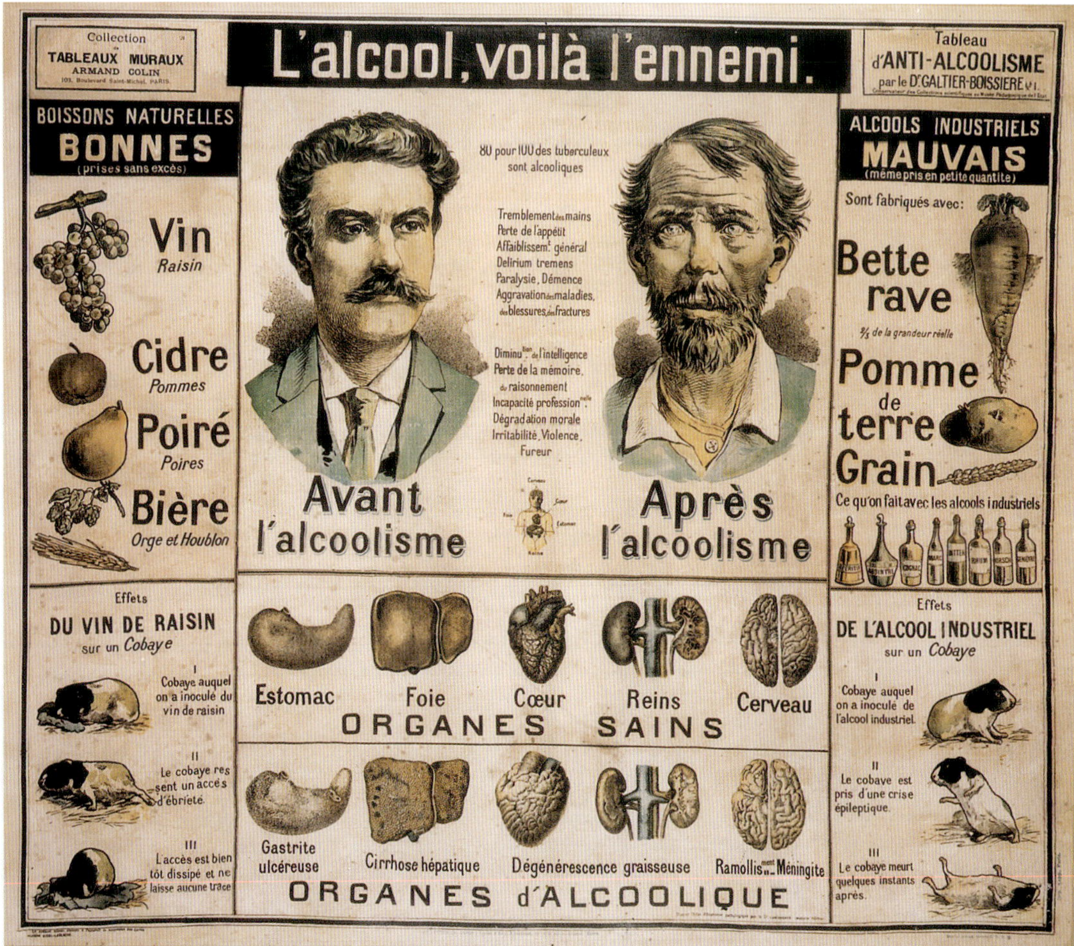

Pendant des années, j'ai été poursuivi dans mes cauchemars nocturnes par la tête de l'alcoolique. Sa figure, mais peut-on encore parler de figure, ornait un panneau éducatif qui trônait au-dessus même du tableau noir. Impossible d'y échapper. La déchéance visible de l'homme qui en venait - preuve ultime - à ne plus porter de cravate me hantait. Quelle folie de s'adonner à la consommation d'alcools industriels alors qu'il y avait la bière et le vin ! Son foie aussi a eu longtemps des répercussions sur mon régime alimentaire. Quand Maman nous achetait du foie de veau, pendant un court moment me revenait cette image d'organe boursouflé, congestionné et couvert de pustules qui figurait sur le panneau. Et si les veaux buvaient de l'alcool en cachette ?…

Les porte-plumes de Didier…

Didier m'agace. Didier, c'est le fils du coiffeur. Je ne sais pas comment il se débrouille mais il a toujours plein de porte-plumes. Des en bois, des en plastique, des avec de drôle de formes, des avec de la réclame dessus. Moi, je n'ai qu'un méchant porte-plume en plastique jaune et noir tout mâchouillé du bout. Didier, ses porte-plumes, il les sort, un à un, de son plumier et les étale sur son pupitre. Ils ont tous des plumes, des "Sergent-Major", bien sûr, mais aussi certaines avec des formes qui m'inquiètent un peu. Il y en a surtout un, un bleu avec un système de levier pour coincer la plume, que j'aimerais bien lui échanger. Mais Didier, y veut pas. Didier m'agace.

Les pastilles d'encre de la maîtresse...

"Mes enfants, nous n'avons plus d'encre", dit Madame Bobin en mirant la grande bouteille violette devant la fenêtre. Puis sans un mot, elle est sortie pour la remplir... au robinet de la cour. Nous n'en croyions pas nos yeux et quand elle s'est dirigée vers l'armoire du fond de la classe, toute la classe bruissait d'interrogation. "On allait écrire avec de l'eau !". Madame Bobin s'est extraite de l'armoire en tenant un petit sachet de papier comme les sachets de sucre vanillé quand grand-mère fait des crêpes. Elle a déchiré le haut du sachet puis lentement a fait glisser dans le goulot de la bouteille des petites pastilles violettes, comme des petits bonbons tout plats.
L'opacité du verre nous empêchait de deviner quel miracle se produisait à l'intérieur mais quand elle a précautionneusement versé de la bouteille de la "vraie encre" dans mon encrier, j'ai compris que notre maîtresse était une magicienne. "On écrivait avec de l'eau".

La solitude du préau…

Quand il pleut, on se retrouve tous sous le préau. En hiver, on est obligé d'allumer l'ampoule fixée sur une poutre tellement il fait noir. Moi j'aime bien aller sous le préau quand il fait très beau. Je me mets dans le coin le plus éloigné et tapi dans l'ombre, sans faire de bruit, je regarde et j'écoute. Quelquefois, un copain entre sous le préau mais ébloui par la différence de lumière, il ne me voit pas. Mon jeu est de rester le plus longtemps possible sans être vu. La dernière fois, j'ai fait toute la récré.

Toi, t'es trousse ou plumier ?...

Moi, je suis plumier. Didier, depuis la semaine dernière, il est passé trousse. C'est sa Tata qui la lui a achetée pour son bon carnet du mois de novembre. Moi, je préfère encore mon vieux plumier avec sa décalcomanie un peu écaillée, mais il faut bien avouer que la trousse de Didier, elle en jette. Surtout au début quand tous les accessoires sont bien rangés : le décimètre en bois, les crayons de couleur et leur taille-crayon, le porte-plume et la petite boîte de plumes en plastique. Il y a même une petite boîte ronde en plastique rouge avec une éponge dedans. Mais il y a surtout un extraordinaire compas en bois jaune avec une vraie pointe. "Maman ne l'a pas vu, c'est super pointu...", me souffle Didier en me demandant de tester l'aiguille du bout de mon doigt.

Crème de Gruyère
GARANTIE FABRIQUÉE EXCLUSIVEMENT
50% Mat. gr.
GRUYÈRE PUR BEURRE FIN.
LA VACHE GROSJEAN
VOUS OFFRE CETTE ARDOISE
Avez-vous goûté?..
AU FROMAGE DE GRUYÈRE

MES ARDOISES...

Mon ardoise, elle a pas aimé quand je me suis fait bousculer par le gros Patrice. Je suis tombé sur mon cartable avec l'ardoise dedans. L'entourage en bois a résisté mais pas l'ardoise qui est fêlée sur toute la largeur. Pour écrire dessus j'ai un drôle de porte-mine en métal brun. Il faut glisser le crayon à ardoise entouré de papier dans la griffe entrouverte du porte-mine puis serrer la bague. C'est drôlement pratique. Le jour où je l'ai oublié à la maison, j'ai essayé d'écrire avec la mine seule. Au bout de quelques minutes je me suis retrouvé devant trois petits morceaux de mine… et l'œil goguenard de Monsieur Crolard :

"Bertin, les mauvais ouvriers ont toujours de mauvais outils."

LA CRAIE QUI FAIT GRINCER DES DENTS...

"Bertin, au tableau..."
La phrase sonne comme le début de mes ennuis. Je n'aime pas aller au tableau. Je n'aime surtout pas écrire à la craie. Pendant que la maîtresse explique la leçon, je fouille désespérément dans la rigole du tableau pour trouver un vieux morceau de craie qui pourrait encore m'aider. Pas un. Les débris qui restent, cachés sous le chiffon, sont beaucoup trop petits. Malheur, je vais donc être obligé de commencer un nouveau bâton. J'en ai déjà un frisson. Les craies neuves - les rondes, surtout - "crient" comme si elles avaient mal de ses premiers mots que nous leur imposons sur le tableau.

La maîtresse me tend un bâton de craie tout juste sorti de la boîte dont la surface lisse et la pointe vierge me terrifient.
"François, écrivez..."

Une bûche pour le poêle...

Le remplissage du poêle de la classe, chaque matin, participait d'un cérémonial prudent où chacun tenait son rôle avec sérieux.

L'élève le plus méritant, ou le plus adroit, recevait du maître le droit d'ouvrir la porte de la grille de protection qui entourait le poêle puis de soulever au moyen d'un crochet les plaques rondes qui obturaient le haut du "Godin". Le maître y déposait alors du papier journal roulé en boule et quelques morceaux de bois de fagot qu'il enflammait.
La longue flamme qui sortait de la gueule béante de l'appareil annonçait la réussite de la première opération. Après quelques instants, et, sur un signe du maître, le "bon élève" s'emparait du seau en charbon et y faisait rouler les boulets d'anthracite dans un nuage de poussière grasse. Les plaques de fonte étaient replacées en les faisant sonner plus que de raison alors qu'une douce chaleur commençait à se répandre dans les travées.

Tu me tiens la porte ?...

Ils se tenaient tout au fond de la cour, accrochés au mur sous les marronniers. D'un côté, appuyées sur la petite maison de brique qui abrite les "cabinets", les "pissotières" est le domaine réservé des garçons avec ses panneaux parallèles d'ardoise grise. Pour les filles, il y avait seulement des cabinets fermés par des portes en bois ouvertes en haut et en bas qui permettaient une surveillance discrète des lieux. Les filles s'assuraient de leur tranquillité par l'assistance bienveillante d'une camarade.

"Tu me tiens la porte ?

- J'te tiens la porte".

Ce dialogue était alors l'assurance d'une protection efficace contre les garçons trop curieux et les mauvais plaisants.

A charge de revanche, bien sûr.

Muette comme une carte…

Le maître vient de l'accrocher aux deux grands clous du tableau. Elle est là, silencieuse. Déjà, les départements, moi, j'aime pas trop, mais là, c'est le pompon. La carte qu'a ramenée Patrice en tirant la langue, elle a deux côtés. Et là, le maître l'avait accrochée - la carte, pas Patrice - du mauvais côté. Celui où il y a rien d'écrit. "C'est la carte muette", me souffle Didier à peine moins terrorisé que moi. Et pour être muette, elle est muette. Tout comme l'ensemble de la classe qui attend, souffle coupé, la terrible sentence du maître. "Didier, au tableau…"

Pauvre Didier !

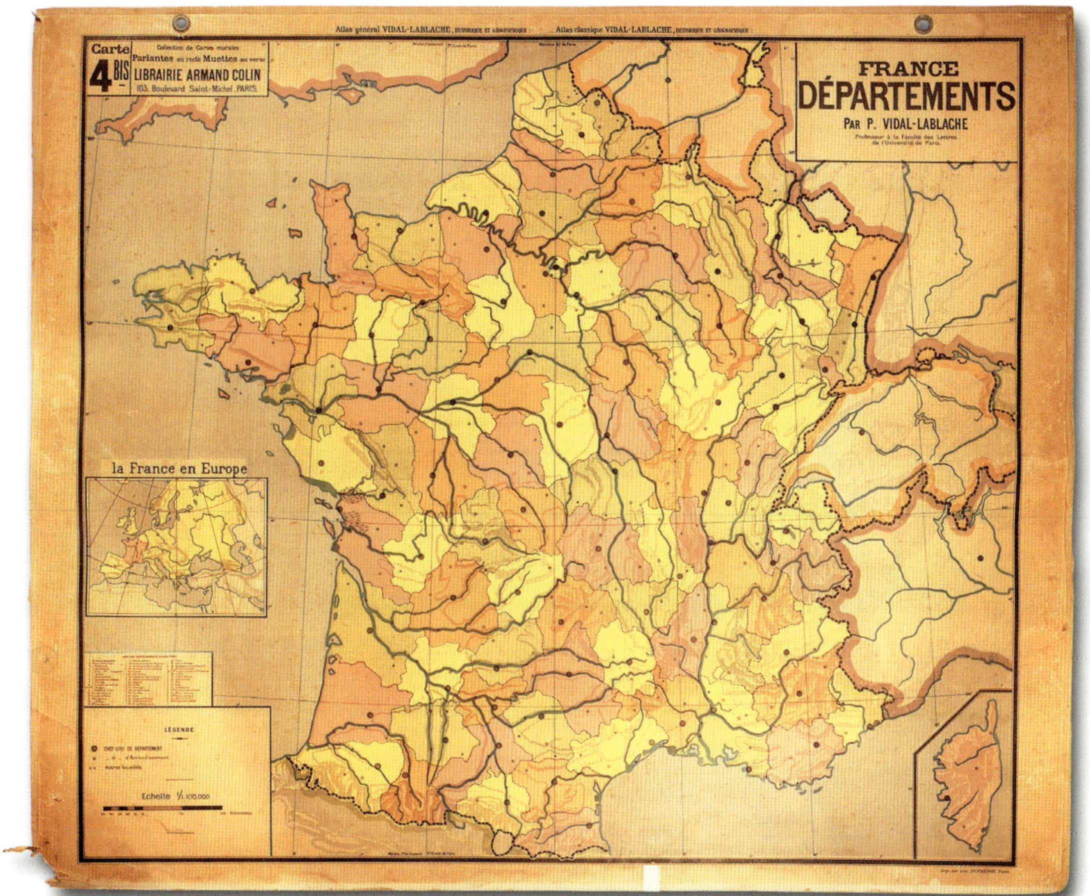

Collège Mixte
Vitré 1958-1959

TOURTE & PETITIN
53, rue P.-V. Couturier
LEVALLOIS-PERRET

La photo de classe...

"Demain y'a photo".
C'était l'événement de l'année et une grande excitation s'emparait de toute la classe. Même les tout petits avaient entendu parler de cette fameuse photo et tous avaient fait un effort particulier de toilette. Les filles arboraient un nœud dans les cheveux et une blouse neuve, les garçons sortaient visiblement de chez le coiffeur et inauguraient un cache-nez ou un chandail tout neuf. Devant, il y a Madame Crolard, notre maîtresse. Monsieur Poirier, le principal, est là aussi. En équilibre instable sur nos bancs, on ne rigole pas. On fait un beau sourire au photographe qui disparaît sous son tissu noir. Au fait, lui, c'est Monsieur Tourte ou c'est Monsieur Petitin ?

La leçon de choses…

Moi, ce que je préfère, c'est la leçon de choses. Il y a toujours quelque chose d'amusant à faire. On a mis du vinaigre sur des morceaux de craie pour faire des bulles, ouvert en deux un crayon de couleur, et même démonter complètement un hanneton mort, les pattes d'un côté, le corps de l'autre. La dernière fois, comme Madame Lepinson nous l'avait demandé, on avait tous amené des os de lapin pour la leçon de choses. C'est incroyable ce qu'on a dû manger comme civet et comme gibelotte dans la ville, cette semaine-là. Didier, dont les parents ne mangent pas de lapin, avait amené un os de poulet. Madame Lepinson a juste poussé un gros soupir.

MON PREMIER LIVRE DE LEÇONS DE CHOSES
PAR
L. PASTOURIAUX
E. LE BRUN
S. BLIN
IMAGES EN COULEURS DE PIERRE PORTELETTE
DEYROLLE
NYMPHE
TRAVAUX
RÉSUMÉ
LA LAMPE ÉLECTRIQUE
PILE
M. ORIEUX et M. EVERAERE
LEÇONS DE CHOSES
COURS MOYEN ET SUPÉRIEUR
CLASSIQUES HACHETTE

On voit le dedans du cochon…

Il y a un panneau que j'aime bien, c'est celui où il y a un cochon, tu vois dedans comment c'est fait. Tu vois tous les os et la peau toute gonflée autour. C'est drôlement bien dessiné. Quand on mange des côtes de porc à la maison, j'essaie de me rappeler la forme de l'os pour comparer avec le dessin. L'autre fois, Maman a découvert dans mon cartable l'os de la côtelette du midi, enveloppé dans un vieux bout de journal. "Mais qu'est-ce que tu bricoles encore ? …" a-t-elle soupiré en jetant le tout dans la poubelle.

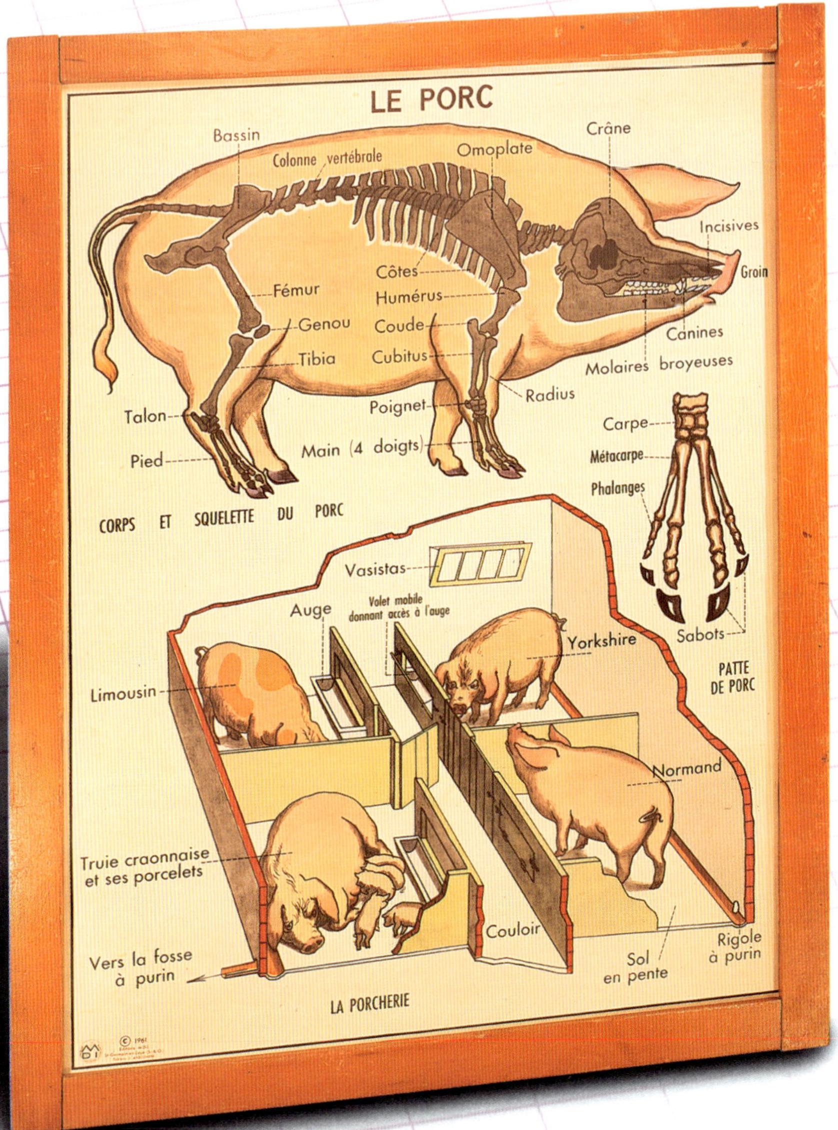

Les filles, elles apprennent des trucs bizarres…

Les filles, elles ont des livres que nous les garçons, on n'a pas, avec des images de cuisinières, de casseroles, de machines à laver et de fers à repasser. Ils sont coupés en deux pour qu'on voie ce qu'il y a dedans. Qu'est-ce que ça y connaît une fille, à l'intérieur d'une machine à laver ?…

Des panneaux très rigolos...

On va avoir le droit de toucher. Madame Lepinson fait enfin circuler les cartons et je surveille plus particulièrement celui qui arrive dans ma rangée. Il est plein de petites bouteilles avec des poudres et des liquides dedans. C'est écrit dessus "Vêtement, la teinture et le nettoyage". On a le droit de toucher mais pas d'enlever les petites bouteilles du carton et encore moins les ouvrir. Comment qu'ils veulent qu'on apprenne, alors ?...

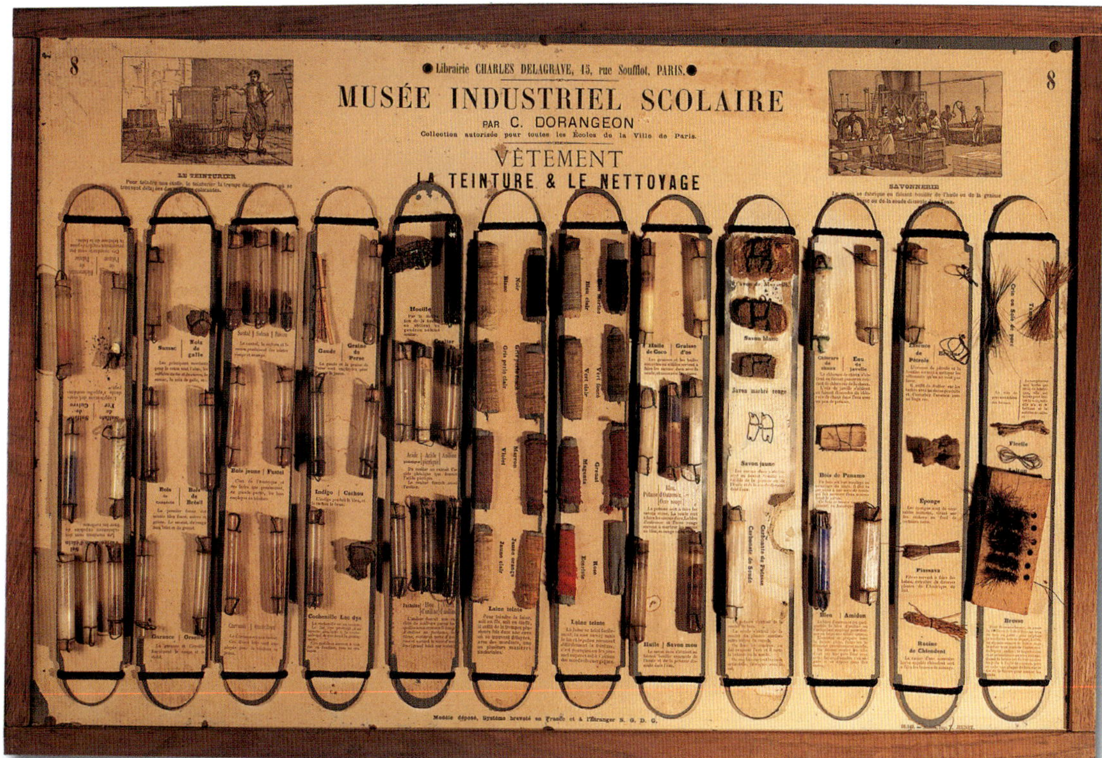

Il ne faut pas hésiter à appuyer…

C'est drôlement pratique, les tampons. T'as pas besoin de savoir dessiner. Tu prends le tampon par le socle en bois, tu l'appuies bien sur la boîte où il y a un bout de moquette rempli d'encre et après tu le rapportes sur ta feuille. Là, il faut pas hésiter à appuyer dessus pour que ça imprime bien. Didier, il a carrément posé sa feuille et le tampon avec la carte de France sur son banc et il appuie dessus avec son pied. Si jamais Madame Lepinson le voit…

BON POINT
CIGOGNE
BON POINT
L'AUTRUCHE
BON POINT
LE PAON
Bon-Point
Savon Cadum
Bon Point
Bons Points
LES ANIMAUX NUISIBLES
BON POINT
École
Élève
Valeur
CONSEILS AUX ENFANTS
Respectez vos parents et vos maîtres ; vous leur devez la nourriture de votre corps et celle de votre esprit.
Dites toujours la vérité ; mentir c'est être lâche.
Travaillez bien à l'école : votre avenir dépend de votre instruction.
Pour être aimé des autres il suffit d'avoir bon caractère et de souvent penser à leur être utile.
Il faut savoir obéir pour apprendre à commander.
VALDA
VALDIAN
Essence VALDA
pour assainir l'habitation
Lion
Guépard
Fennec (Renard du Sahara)
OFFERT AUX ENFANTS SAGES
PAR
SAVON EXPRESS TEINTURE
PROPRETÉ
DÉPOSÉE
DEVINETTE

Chouette, j'ai un Bon-point !

Ça y est, j'ai l'image ! Avec mon dessin de carte de la Loire, j'ai eu un cinquième bon-point. Je les tends, en éventail, à Madame Bobin, ma maîtresse qui me sourit.
"C'est bien François, laquelle veux-tu ?..."
Et elle ouvre une petite boîte de carton remplie d'images de toutes les couleurs.

c'est chouette, l'histoire de France...

C'est plein de bagarres et de fusils. Ça commence avec les Gaulois et Alésia où il y a aussi plein de Romains avec des cuirasses et de longues lances. Ça continue avec le Moyen-Age et ses chevaliers mais la période qui m'intéresse le plus c'est la Révolution et Napoléon.
Les uniformes sont magnifiques.

C'est à moi d'aller chercher la carte…

Je traverse la classe le menton haut et j'ouvre la porte donnant sur la cour. La salle de géographie des grands n'est que trois portes plus loin. Je frappe doucement, dès fois qu'il y aurait du monde. Personne.

Le long du mur, le grand meuble des cartes m'attend, tapi dans l'ombre. Juché sur une chaise, je retire avec peine la carte marquée au crayon gras dans un coin. "France départements". Je l'agrippe par un des œillets métalliques et la réajuste avant de sortir de la classe de géo. Je traverse la cour à petits pas, tenant la précieuse carte à bout de bras, en faisant attention à ce qu'elle ne frotte pas par terre. Je ne pensais pas qu'elle était si grande et si lourde. C'est incroyable, je porte tous les départements à bout de bras !

A l'école, les montagnes sont en plâtre...

J'aime pas trop la géo mais j'aime bien rêver. Alors quand on parle des volcans, ça me plaît. Surtout quand Madame Crolard pose sur le pupitre du premier rang une vraie montagne avec de vrais champs et un vrai volcan. Sur un autre, il y a même une rivière. Tout le monde est serré autour du prodige en plâtre peint. L'école c'est magique !

Confisqué !

Patatras ! Didier s'est fait surprendre avec sa fronde. Il ne s'en servait pas, il l'avait juste sortie de son cartable pour me la montrer. Une belle fronde, un vrai outil de pro, fabriqué avec tout le soin que ce genre d'engin mérite. Un beau morceau de chambre à air de vélo avec un beau morceau de cuir pour bien maintenir le projectile, le tout fixé avec du fil de fer sur une fourche de bois, incroyable de symétrie.

Eh bien, cet engin qui vous fait un carreau à plus de dix mètres, il est désormais dans le tiroir du bureau de la maîtresse enfoui et perdu à jamais. Didier en a pleuré. Et moi je suis drôlement embêté pour mon copain. C'est promis, jeudi, on cherche une autre fourche en bois.

"Ça s'ra pas pareil…" a répondu Didier entre deux sanglots.

On est tous premiers !

Cette année-là, pour la première fois, mes deux frères et moi recevons le Prix d'Excellence, chacun dans notre classe respective. Papa et Maman sont fiers de nous.

A notre retour de la Salle des fêtes, une photo très officielle, avec nœud papillon, pose affectée et gants blancs, atteste de l'événement. Le deuxième cliché, pris quelques secondes après, témoigne de façon incontestable que nous sommes avant tout un solide trio de rigolos. Le tout, sous le regard attendri de mon père, derrière la fenêtre.

Le cahier d'absence...

Le matin et l'après-midi, le maître fait l'appel. Dans son grand cahier, il met un petit trait derrière chaque nom, comme ça, il peut voir tout de suite ceux qui sont absents ou ceux qui arrivent en retard.

Le boulier...

Pour compter, on a le droit d'utiliser le boulier. Le maître en a un très grand posé sur des pattes tout près de son bureau, mais nous, nous en avons de tout petits que le maître nous prête à tour de rôle. Il ne faut pas se tromper quand on arrive aux centaines et bien faire glisser les petites boules de couleur. J'aimerai bien en avoir un à la maison pour enlever les billes.

Une bonne cuillerée de santé…

C'est ce que dit maman en remplissant la cuiller jusqu'au bord. C'est l'horreur du matin. Avant de partir pour l'école, il faut sacrifier au rite de l'huile de foie de morue. Rien que la pensée de l'odeur me soulève le cœur. Didier, il m'a donné un truc. Lui, il se met une pince à linge sur le nez avant d'avaler l'horrible mixture. Moi, la première fois où je suis arrivé avec une pince en plastique à la main, ça a fait rire maman. Mais ça ne l'a pas empêchée de me mettre double dose. Pour finir la bouteille, a-t-elle dit.

Le bonhomme avec des clous dans la tête...

Nous, les garçons, on est toujours avec les filles sauf quand elles ont couture. Nous, on va avec Monsieur Toullec découper des petits bouts de contreplaqué pendant qu'elles s'enferment dans une autre salle. Ce jour-là, elles ont avec elles de drôles de petites valises de toutes les couleurs mais elles veulent pas qu'on y touche. C'est même interdit de regarder dedans. Mino qui en avait ouvert une pendant la récré a dit que c'était plein de bouts de laine, de tissus, de pochettes d'aiguilles et un drôle de petit bonhomme en bois avec des clous plein la tête. Je me demande si Mino n'est pas en train de nous raconter des histoires.

Tu sais ta table ?...

TABLE D'ADDITION

Le signe de l'Addition est : +

1 et 1 font 2	4 et 1 font 5	7 et 1 font 8
1 — 2 — 3	4 — 2 — 6	7 — 2 — 9
1 — 3 — 4	4 — 3 — 7	7 — 3 — 10
1 — 4 — 5	4 — 4 — 8	7 — 4 — 11
1 — 5 — 6	4 — 5 — 9	7 — 5 — 12
1 — 6 — 7	4 — 6 — 10	7 — 6 — 13
1 — 7 — 8	4 — 7 — 11	7 — 7 — 14
1 — 8 — 9	4 — 8 — 12	7 — 8 — 15
1 — 9 — 10	4 — 9 — 13	7 — 9 — 16
1 — 10 — 11	4 — 10 — 14	7 — 10 — 17
2 et 1 font 3	5 et 1 font 6	8 et 1 font 9
2 — 2 — 4	5 — 2 — 7	8 — 2 — 10
2 — 3 — 5	5 — 3 — 8	8 — 3 — 11
2 — 4 — 6	5 — 4 — 9	8 — 4 — 12
2 — 5 — 7	5 — 5 — 10	8 — 5 — 13
2 — 6 — 8	5 — 6 — 11	8 — 6 — 14
2 — 7 — 9	5 — 7 — 12	8 — 7 — 15
2 — 8 — 10	5 — 8 — 13	8 — 8 — 16
2 — 9 — 11	5 — 9 — 14	8 — 9 — 17
2 — 10 — 12	5 — 10 — 15	8 — 10 — 18
3 et 1 font 4	6 et 1 font 7	9 et 1 font 10
3 — 2 — 5	6 — 2 — 8	9 — 2 — 11
3 — 3 — 6	6 — 3 — 9	9 — 3 — 12
3 — 4 — 7	6 — 4 — 10	9 — 4 — 13
3 — 5 — 8	6 — 5 — 11	9 — 5 — 14
3 — 6 — 9	6 — 6 — 12	9 — 6 — 15
3 — 7 — 10	6 — 7 — 13	9 — 7 — 16
3 — 8 — 11	6 — 8 — 14	9 — 8 — 17
3 — 9 — 12	6 — 9 — 15	9 — 9 — 18
3 — 10 — 13	6 — 10 — 16	9 — 10 — 19

TABLE DE MULTIPLICATION

Le signe de la Multiplication est : ×

1 fois 1 font 1	4 fois 1 font 4	7 fois 1 font 7
1 — 2 — 2	4 — 2 — 8	7 — 2 — 14
1 — 3 — 3	4 — 3 — 12	7 — 3 — 21
1 — 4 — 4	4 — 4 — 16	7 — 4 — 28
1 — 5 — 5	4 — 5 — 20	7 — 5 — 35
1 — 6 — 6	4 — 6 — 24	7 — 6 — 42
1 — 7 — 7	4 — 7 — 28	7 — 7 — 49
1 — 8 — 8	4 — 8 — 32	7 — 8 — 56
1 — 9 — 9	4 — 9 — 36	7 — 9 — 63
1 — 10 — 10	4 — 10 — 40	7 — 10 — 70
2 fois 1 font 2	5 fois 1 font 5	8 fois 1 font 8
2 — 2 — 4	5 — 2 — 10	8 — 2 — 16
2 — 3 — 6	5 — 3 — 15	8 — 3 — 24
2 — 4 — 8	5 — 4 — 20	8 — 4 — 32
2 — 5 — 10	5 — 5 — 25	8 — 5 — 40
2 — 6 — 12	5 — 6 — 30	8 — 6 — 48
2 — 7 — 14	5 — 7 — 35	8 — 7 — 56
2 — 8 — 16	5 — 8 — 40	8 — 8 — 64
2 — 9 — 18	5 — 9 — 45	8 — 9 — 72
2 — 10 — 20	5 — 10 — 50	8 — 10 — 80
3 fois 1 font 3	6 fois 1 font 6	9 fois 1 font 9
3 — 2 — 6	6 — 2 — 12	9 — 2 — 18
3 — 3 — 9	6 — 3 — 18	9 — 3 — 27
3 — 4 — 12	6 — 4 — 24	9 — 4 — 36
3 — 5 — 15	6 — 5 — 30	9 — 5 — 45
3 — 6 — 18	6 — 6 — 36	9 — 6 — 54
3 — 7 — 21	6 — 7 — 42	9 — 7 — 63
3 — 8 — 24	6 — 8 — 48	9 — 8 — 72
3 — 9 — 27	6 — 9 — 54	9 — 9 — 81
3 — 10 — 30	6 — 10 — 60	9 — 10 — 90

TABLE DE SOUSTRACTION

Le signe de la Soustraction est : —

1 de 2 reste 1	4 de 5 reste 1	7 de 8 reste 1
1 — 3 — 2	4 — 6 — 2	7 — 9 — 2
1 — 4 — 3	4 — 7 — 3	7 — 10 — 3
1 — 5 — 4	4 — 8 — 4	7 — 11 — 4

TABLE DE DIVISION

Le signe de la Division est : :

1 en 1 est 1 fois	4 en 4 est 1 fois	7 en 7 est 1 fois
1 — 2 — 2 —	4 — 8 — 2 —	7 — 14 — 2 —
1 — 3 — 3 —	4 — 12 — 3 —	7 — 21 — 3 —
1 — 4 — 4 —	4 — 16 — 4 —	7 — 28 — 4 —

CH. AB DER HALDEN & M. LAVAUT
LA CHAUMINE
Lectures suivies pour le cours élémentaire
ÉDITIONS BOURRELIER
LA VIE DE FAMILLE
5. Frère et sœur.
DE LECTURE ET D'INSTRUCTION
POUR L'ENFANT
G. BRUNO
SYLLABAIRE LANGLOIS
VINGT ET UNIÈME LEÇON
VINGT-DEUXIÈME LEÇON
le képi
le zouave
Le zéro - le zèle - le zébu - le zouave.
La zibeline a une jolie peau.
L'élève évitera la note zéro.
Paulíne a acheté de la laitue au kilo.

Prenez vos livres de lecture...

Le verre de lait à 4 heures....

Au moment du goûter, le principal a fait mettre toutes les petites classes en rang face à l'entrée du réfectoire. Nous entrons lentement dans la cuisine à la file indienne. Des verres "Duralex" nous attendent serrés dans de grands paniers en fil de fer. Le verre est prestement rempli d'un liquide blanc qu'il faut immédiatement ingurgiter. Tant pis pour ceux qui n'aiment pas le lait froid. Le maître et les femmes de la cuisine surveillent que chacun boive jusqu'à la dernière goutte. Moi, j'aime bien.
"C'est bon pour la santé" a proféré le maître d'un ton docte.
C'est un truc de ministre pour éponger les excédents" a dit le boulanger quand j'ai été chercher le pain. C'est quoi un essédent ?...

Un bouquet de fleurs pour la maîtresse...

C'est maman qui m'a aidé à le cueillir après le repas de midi. On a fait le tour du jardin avec un sécateur et maman a soigneusement choisi les fleurs. "Celle-là !" je lui ai crié en lui montrant la fleur rouge que je trouvais la plus belle du massif. "Je ne peux pas, François, elle a des épines" m'a-t-elle dit. Comment une aussi belle fleur ne pouvait-elle faire plaisir à un petit garçon ?

Les bûchettes de Mademoiselle Odile...

Pour apprendre à compter, notre maîtresse, elle aime bien les bûchettes. Elle en a de deux sortes. Des carrées bien taillées qui font de jolis petits tas comme des caisses sur un camion et d'autres qu'elle fabrique elle-même, nous a-t-elle dit, avec des branches ramassées dans la forêt. Si on compte bien, on a le droit d'utiliser celles "pour de vrai", les autres c'est pour les débutants et les cancres. Moi, en calcul, je m'applique parce que j'aime bien faire de jolis tas bien hauts, et avec les bouts de branches, c'est pas possible.

Quand on apprend les mesures, Monsieur Crolard sort de l'armoire du fond de grandes boîtes en bois avec un cercle plus foncé en haut et en bas. "C'est comme les boîtes de camembert" me souffle Didier qui me fait rire. "Bertin et Rissel, allez donc voir monsieur le Principal pour lui expliquer ce qu'il y a de si drôle dans cette classe"...

...et les pots en bois de Monsieur Crolard.

Les bonbons de la sortie…

Avec Didier, on a fouillé nos poches. Moi j'avais une grande pièce ronde de 5 francs. Lui, comme d'habitude il n'avait rien. "Super, on va pouvoir aller à la boulangerie prendre des caramels à 1 franc". Didier, il a un faible pour les caramels à 1 franc, des tout petits caramels carrés et tout plats enveloppés dans un papier qui montre une pièce de 1 franc. Comme c'est moi qui ai les sous, et qu'avec Didier, on partage tout, j'en aurai trois. Les caramels, c'est impossible de les couper en deux.

Tenez-vous droit !

Criait le maître en tapant sur son bureau avec sa règle. Nous penchés sur notre cahier, on avait déjà assez de mal à contrôler les errances de la plume sur le papier quadrillé pour nous préoccuper de notre position sur le banc. Et pourtant, en leçon de choses, on a vu que les écoliers désobéissants étaient bien punis. Les dos ronds, bossus et les colonnes vertébrales tordues en forme de "S" me terrifiaient. Ces pauvres écoliers qui s'étalaient dans mon livre de leçon de choses portaient des noms bizarres : scoliose, lordose, …
"Cirrhose…", avait ajouté Didier en jouant les ivrognes, avachi sur son banc.

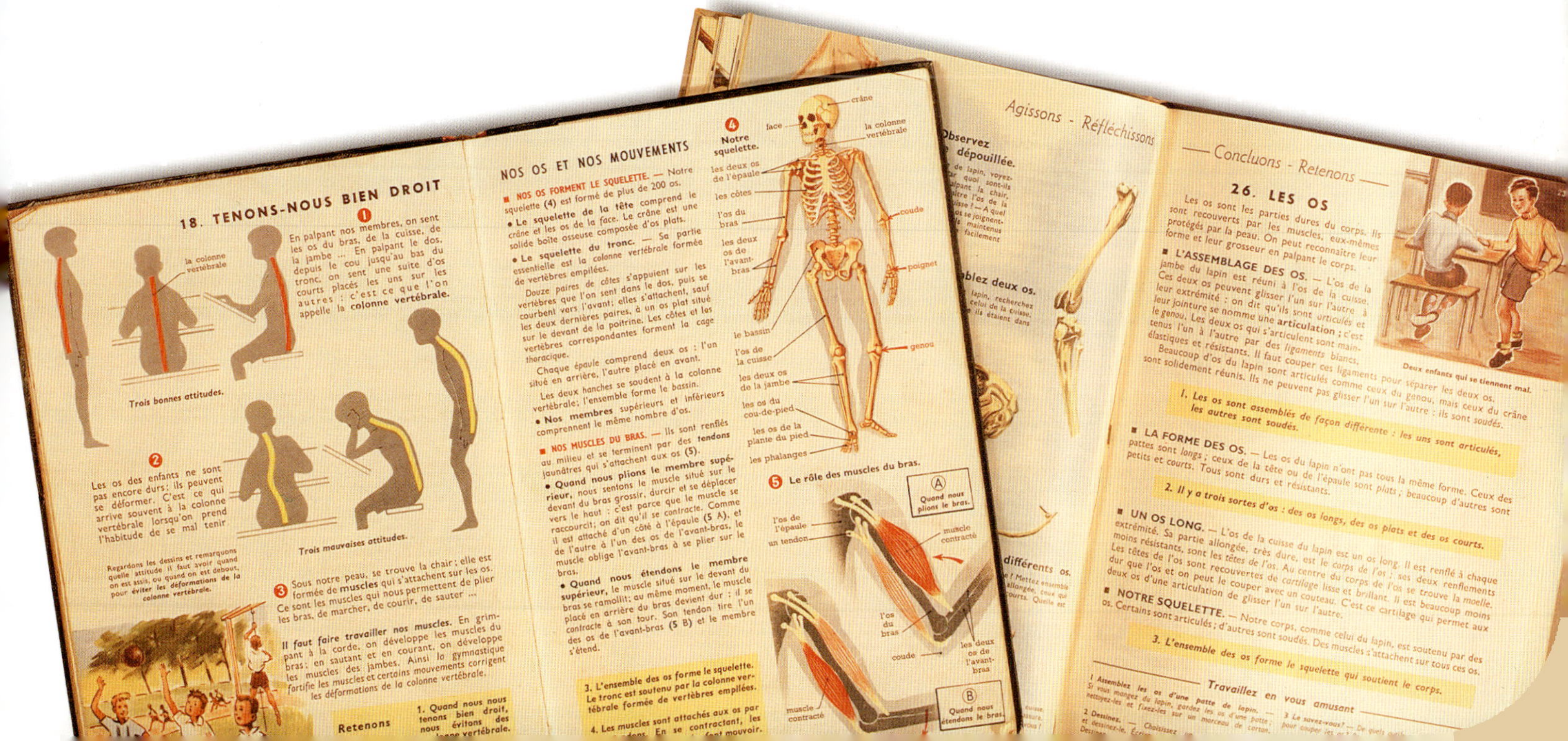

Elle est toute grise et les portes toujours fermées à clé sont recouvertes de grillage. A travers les mailles de fil de fer on peut voir dans la pénombre des rangées de pots en métal et en bois cerclé, des instruments bizarres avec des poignées, des volants, des réglettes graduées. Il y a aussi des rangées d'éprouvettes et de flacons en verre et de drôles de bocaux remplis de trucs bizarres qui flottent dans des liquides non moins bizarres. "Il y a même des bébés ...", assure Didier, qui, redoublant sa classe, est d'un précieux secours pour les nouveaux arrivants comme nous.

L'armoire aux trésors...

Aujourd'hui, il y a chant…

Madame Bobin aime bien nous faire chanter. Elle nous fait venir tous devant le tableau et elle nous range par catégorie. On est tous mélangés, c'est rigolo ! Souvent, de sa belle écriture, elle écrit au tableau les paroles de la chanson à la craie blanche et le refrain en rouge. Elle dessine sur des lignes, de drôles de petites boules avec une queue en nous expliquant que c'est ça qui fait la musique. Nous, on se regarde tous un peu perplexes. Si on chante bien on aura droit à une image avec le texte de la chanson qu'on doit recopier à la maison. Mais on n'a pas le droit de garder l'image, il faut la rapporter à l'école. C'est dommage parce que le dessin est souvent très joli. Madame Bobin a fait apporter par le père Brillet l'harmonium du collège. Elle essaie deux, trois notes :
"Les enfants, attention, un, deux, trois, … Frère Jacques, frère Jacques…"

Maman, j'ai la croix d'honneur...

"Ça y est, je la ramène enfin." Il a vraiment fallu que je me tienne tranquille et que j'apprenne toutes mes leçons pour la décrocher, mais je ne pouvais quand même pas laisser Christiane Bodin se permettre de l'emporter une nouvelle fois.
Tout au long du chemin qui me conduit à la maison, je ne sais pas comment tenir mes livres de façon à ne pas dissimuler la précieuse décoration aux regards. Le maître l'a accrochée un peu de travers et je dois constamment la remettre droite tout en lissant le tissu brillant du ruban. Avant de rentrer, j'ai presque envie de faire un détour - l'air de rien - par la rue du Château juste pour essayer de croiser la petite Chantal. Elle doit sortir de son école à cette heure-ci. Elle va en faire une tête.
C'est maman qui va être fière et papa me donnera peut-être une pièce de 100 francs pour aller chercher des carambars.

Attention à ne pas déborder…

Aujourd'hui c'est le "jour des encriers". Une fois par semaine, les encriers de porcelaine blanche qui ornent nos pupitres sont réunis dans une drôle de petite boîte au couvercle percé de trous. Puis, l'un d'entre nous, souvent le " bon élève de la semaine" a le droit de remplir chaque encrier avec la bouteille d'encre. L'encre s'écoule lentement par le bec de métal en émettant un petit bruit très particulier que je n'ai jamais oublié. Chacun retient son souffle en guettant la goutte qui va s'échapper et tacher irrémédiablement le couvercle de la boîte.

CHARTREUX
DURBON
CRÈME
RASER
ROGER & G
BOULANGERIE
in - ain - ein
main, pain, plein, bain, grain, rein.

Les devoirs du soir...

Moi, j'aime bien faire mes devoirs dans la cuisine. Maman, elle dit qu'on a une chambre pour ça, mais elle nous laisse faire quand même. Quelquefois, je mets une feuille de journal dessous mes cahiers pour ne pas tacher. J'aime bien faire mes devoirs quand Maman fait la cuisine. Je jette un coup d'œil de temps en temps quand elle est penchée sur le fourneau. J'aime bien surtout quand elle fait un gâteau parce que je suis en première ligne pour lécher la cuiller en bois et le fond du saladier. C'est extra, surtout quand c'est un gâteau au chocolat.
De temps en temps, je sens Maman qui se penche sur mon épaule.
"Tu as bientôt fini ?"

Tu n'a pas un carnet à faire signer ?...

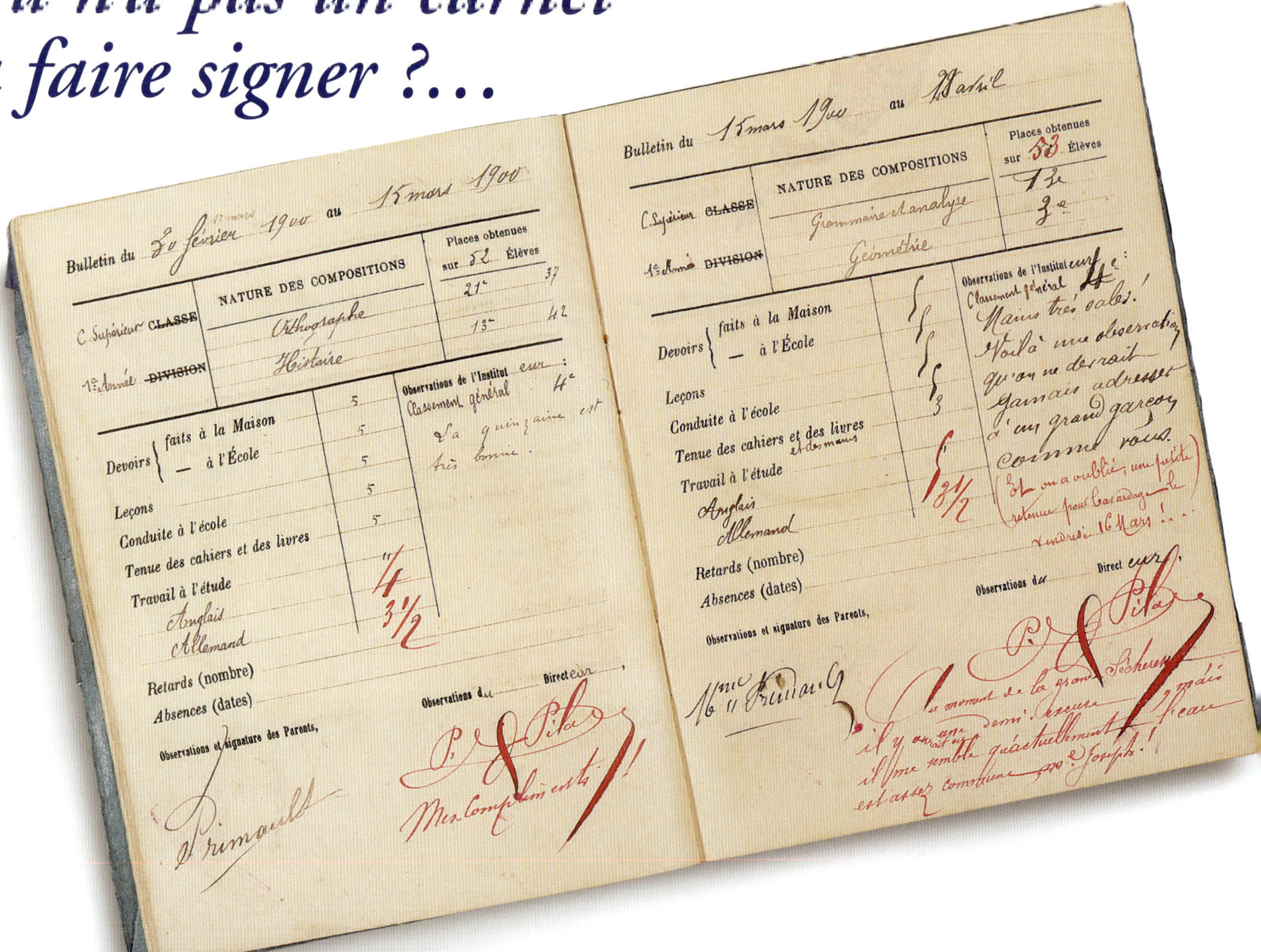

Bulletin du 20 février 1900 au 15 mars 1900

NATURE DES COMPOSITIONS	Places obtenues sur 52 Élèves
	21e
Orthographe	13e
Histoire	

C. Supérieur ~~CLASSE~~

1re Année ~~DIVISION~~

		Observations de l'Instituteur :
Devoirs faits à la Maison	5	Classement général 4e
Devoirs — à l'École	5	La quinzaine est très bonne.
Leçons	5	
Conduite à l'école	5	
Tenue des cahiers et des livres	5	
Travail à l'étude		
Anglais	4	
Allemand	3 1/2	

Retards (nombre)

Absences (dates)

Observations du Directeur,

Observations et signature des Parents,

Primault

P. Pila

Mes compliments !

Bulletin du 15 mars 1900 au 28 avril

NATURE DES COMPOSITIONS	Places obtenues sur 53 Élèves
Grammaire et analyse	12e
Géométrie	3e

C. Supérieur ~~CLASSE~~

1re Année ~~DIVISION~~

		Observations de l'Instituteur :
Devoirs faits à la Maison	5	Classement général 4e :
Devoirs — à l'École	5	Mains très sales !
Leçons	5	Voilà une observation qu'on ne devrait jamais adresser
Conduite à l'école	3	à un grand garçon comme vous.
Tenue des cahiers et des livres et des mains	5	Et on a oublié une petite retenue pour bavardage le
Travail à l'étude		vendredi 16 Mars !...
Anglais	3 1/2	
Allemand		

Retards (nombre)

Absences (dates)

Observations du Directeur,

Observations et signature des Parents,

Vu Primault

P. Pila

Au moment de la grande sécheresse il y aurait eu une demi-heure ; mais il me semble qu'actuellement l'eau est assez commune ... !

La bibliothèque de ma classe...

Juste à côté de l'armoire aux instruments pour les expériences, il y a notre bibliothèque. Les livres sont tous recouverts de papier de couleur avec des étiquettes écrites à la main. Les livres en gris, c'est pour les grands, les livres en rouge, c'est pour les petits. On a le droit de prendre un livre chacun. Le maître inscrit notre nom et le titre du livre sur une fiche. Il faut faire très attention. On n'a pas le droit de le lire au goûter si on a une tartine de confiture à la main.

J'veux pas le défaire...

Mon oncle Michel m'a acheté un cadeau super. C'est un panneau en carton sur lequel il y a plein de trucs attachés avec de la ficelle. Il y a une équerre, une règle carrée, un double-décimètre et un porte-plume, tous en plastique bleu. Il y a aussi une boîte ronde avec une petite éponge dedans, pour l'ardoise. Mais le plus beau, c'est un super taille-crayon avec une tête de cheval que tout le monde veut m'échanger. Le cadeau de l'oncle Michel est tellement beau que j'essaie de la garder en entier. Ainsi, quand j'ai fini d'utiliser le porte-plume, j'essuie la plume avant de l'enlever, puis je le remets à sa place sur le carton. Le problème est que l'élastique ne marche plus très bien et que les autres trucs se décrochent.

Le moment tant attendu…

"Fait bien attention" a dit Maman en glissant dans mon cartable la minuscule boîte d'encaustique roulée dans un chiffon. La mission est d'importance. Le maître nous a demandé au début de la semaine de ne pas oublier d'amener pour le vendredi de quoi cirer nos pupitres. Non seulement ça sent l'encaustique mais ça sent surtout les vacances.

Le napperon d'Emilie...

La pauvre Emilie fait ce qu'elle peut mais elle vraiment des problèmes avec son porte-plume. On dirait qu'il veut pas faire ce qu'elle lui demande. Emilie, elle en met partout. A la fin de la journée, elle a les mains toutes violettes. Même quand elle trempe sa plume dans son encrier, elle en sème partout sur son pupitre. Elle a été plusieurs fois punie, mais le porte-plume s'en moque et continue de tacher autant qu'il peut. Et puis un jour, Emilie est arrivée en classe avec un drôle de petit mouchoir percé d'un trou au milieu. C'était du beau tissu à rayures avec une broderie jaune tout autour. Le maître l'a aidée à glisser son encrier dedans et à bien étaler le tissu sur le pupitre. Deux minutes après, le napperon d'Emilie était baptisé d'une grande tache violette qui allait en s'agrandissant.

L'imparfait du subjonctif…

Petit exercice :

Mettre à l'imparfait du subjonctif les verbes placés entre parenthèses.

Le laboureur (piquer) ses bœufs pour les (faire) avancer. Maman (apporter) du grain pour les poules. Le maître (écrire) au tableau la morale du jour. Le chef de gare (siffler) quand le train (démarrer).

LEÇON

Conjugaison du verbe *Être*.

INDICATIF

Je suis, j'ai été, je serai content.

PRÉSENT

Je **suis**
Tu **es**
Il **est**
Nous **sommes**
Vous **êtes**
Ils **sont.**

IMPARFAIT

J'étais
Tu **étais**
Il **était**
Nous **étions**
Vous **étiez**
Ils **étaient**

PASSÉ SIMPLE

Je **fus**
Tu **fus**
Il **fut**
Nous **fûmes**
Vous **fûtes**
Ils **furent**

PASSÉ COMPOSÉ

J'ai *été*
Tu **as** *été*
Il **a** *été*
Nous **avons** *été*
Vous **avez** *été*
Ils **ont** *été*

PASSÉ ANTÉRIEUR*

J'eus *été*
Tu **eus** *été*
Il **eut** *été*
Nous **eûmes** *été*
Vous **eûtes** *été*
Ils **eurent** *été*

PLUS-QUE-PARFAIT

J'avais *été*
Tu **avais** *été*
Il **avait** *été*
Nous **avions** *été*
Vous **aviez** *été*
Ils **avaient** *été*

FUTUR

Je **serai**
Tu **seras**
Il **sera**
Nous **serons**
Vous **serez**
Ils **seront**

FUTUR ANTÉRIEUR*

J'aurai *été*
Tu **auras** *été*
Il **aura** *été*
Nous **aurons** *été*
Vous **aurez** *été*
Ils **auront** *été*

CONDITIONNEL

Je serais content si j'avais des étrennes.

PRÉSENT

Je **serais**
Tu **serais**
Il **serait**
Nous **serions**
Vous **seriez**
Ils **seraient**

PASSÉ (*1re forme*)*

J'aurais *été*
Tu **aurais** *été*
Il **aurait** *été*
Nous **aurions** *été*
Vous **auriez** *été*
Ils **auraient** *été*

IMPÉRATIF

Sois content.

Sois, soyons, soyez.

SUBJONCTIF

Il faut que *je sois* content.

PRÉSENT

Que je **sois**
Que tu **sois**
Qu'il soit
Que nous **soyons**
Que vous **soyez**
Qu'ils **soient**

IMPARFAIT*

Que je **fusse**
Que tu **fusses**
Qu'il **fût**
Que nous **fussions**
Que vous **fussiez**
Qu'ils **fussent**

PASSÉ*

Que **j'aie** *été*
Que tu **aies** *été*
Qu il **ait** *été*
Que nous **ayons** *été*
Que vous **ayez** *été*
Qu'ils **aient** *été*

PLUS-QUE-PARFAIT*

Que **j'eusse** *été*
Que tu **eusses** *été*
Qu'il **eût** *été*
Que nous **eussions** *été*
Que vous **eussiez** *été*
Qu'ils **eussent** *été*

INFINITIF

Être, avoir été.

PARTICIPE

Étant, ayant été.

CAHIER de
Appartenant à
CHICORÉE EXTRA LEROUX
Maman me donne tous les matins un grand bol de CHICORÉE LEROUX avec du lait.
ALPHONSE LEROUX ORCHIES-NORD
Protège-Cahier
Appartenant à
Ecole de
Année Scolaire 19 19
EPICERIE
chaque matin CHICORÉE WILLIOT
LA GRANDE MARQUE FRANÇAISE
CAHIER DE
APPARTENANT A
Chocolat Corona
DELESPAUL-HAVEZ
CAHIER de
Appartenant à
AMORA
LA MOUTARDE DE DIJON
CAHIER de
Appartenant à
BISCUITS St MICHEL
PILE WONDER
CAHIER
APPARTENANT A
La pile Wonder ne s'use que si l'on s'en sert !
Les Animaux en Agriculture
PROTÈGE-CAHIER OFFERT PAR LE
Je suis né chez A. Studler Bretagne
CAHIER DE
APPARTENANT A
Sœur Anne ne vois-tu rien venir ?
Version moderne de la légende de BARBE-BLEUE Baron de Pouzauges
Je vois la route qui poudroie...
Et dans l'herbe qui verdoie,
FLEURY-MICHON
Cahier de
Appartenant à
PROTÈGE CAHIER
CAHIER
de
Appartenant à
Offert par la vache qui rit
La vache qui rit
CHOISISSEZ
POUR VOTRE TOILETTE, RIEN DE TEL QUE PERSAVON
TABLE DE MULTIPLICATION
demandez à votre maman de la MOUTARDE GREY-POUPON
DIJON
en vedette WALT DISNEY

les protège-cahiers de Didier...

Didier, il est fou de protège-cahiers. Il en a des tas de toutes les couleurs avec plein de marques différentes. C'est un peu normal, puisque ses parents ont un salon de coiffure, et ils connaissent tous les magasins de la ville. Chez le pharmacien, le quincaillier, le marchand de vêtements, le garage Bourg, Didier, il est partout accueilli avec le sourire… et le protège-cahier du magasin. A la sortie de l'école, quand il veut bien, je l'accompagne. Quelquefois, devant ma tête, la dame derrière la caisse me demande :

"Toi aussi, tu en veux un ?…"

Une pomme pour la récré...

Maman l'a spécialement choisie dans le compotier de la salle à manger. Durant tout le chemin de l'école, je l'ai fourbie, astiquée contre l'étoffe de mon kabig fermé jusqu'au menton. Maintenant elle brille d'un tel éclat que je me dis que ça va être dur de planter mes dents dedans à la récré de dix heures.

Une petite école comme les autres…

Avec son préau et sa cour parsemée de platanes ou de marronniers. Une petite école qui a vu passer dans ses murs et courir dans sa cour des dizaines d'élèves, des "bons", des "passables", des "peut mieux faire", des "désespérants". Des gamins et des gamines qui ont vécu là leurs plus belles années même si elles ont été quelquefois rythmées de coups de pied au derrière et de coups de règles sur les doigts. Des années qui restent enfouies au fond de chacun d'entre nous.

Mon univers de réclame...

La blouse grise du maître…

Elle est accrochée à une patère le long de la porte. Elle a beau pendre misérablement comme une dépouille de lapin, pour nous, les petits, elle reste le symbole du maître. Nul n'oserait y toucher, encore moins glisser une main dans sa poche pour y récupérer la bille confisquée le matin. Elle inspire le respect, la crainte.

Donnes-moi ta liste...

Chez le papetier, c'est le "coup de feu" de la rentrée avec tous les élèves qui s'agglutinent au comptoir. Moi, je suis un peu en retrait avec la précieuse liste de fournitures que nous a donnée le maître, ce matin. Madame Corraze, la dame qui tient le magasin, se penche vers moi.

Je commence à ânonner la litanie de toute une année : "un crayon à ardoise, un porte-plumes plastique avec une petite boîte de plumes, le maître, il a dit de prendre des "Sergent-Major", cinq buvards, une trousse avec un "Mickey" dessus, un rapporteur et un double décimètre…" A son regard amusé, j'ai tout de suite vu que Madame Corraze a compris que j'ai rajouté la trousse Mickey à la liste.

Tout en haut, sur l'estrade...

Il est perché tout là-haut sur son estrade. Le bureau peint en noir ne permet de distinguer que le haut de sa blouse grise, l'éclat soudain de ses petites lunettes et son front surmonté de cheveux en brosse. On ne voit pas ce qu'il fait. De temps en temps, on voit le haut de son porte-plume qui fait des dessins ou sa grande règle qui bouge, mais c'est tout.

Quand je serai grand, je ferai maître pour pouvoir voir la classe de haut.

Dehors, il fait trop beau…

Le maître a ouvert la fenêtre située à côté du tableau. Dehors, il fait très beau. Sans bouger de ma place située au premier rang, je vois les feuilles des arbres de la cour bouger faiblement au gré d'un petit vent. La classe est remplie du chant des oiseaux et du bruit des grillons. Le menton calé dans ma main, le porte-plume dans la bouche, je contemple, de la fenêtre qui donne sur les champs, le paysage trembler sous la chaleur.

"Bertin, qu'est-ce que je viens de dire ?…"

Vivement la sortie !

La leçon de morale...

"Bien mal acquis ne profite jamais", "Plus fait douceur que violence", "L'homme ignorant gagne difficilement sa vie". Chaque jour, une fois le silence obtenu dans la classe, Monsieur Crolard inscrivait la date du jour au tableau, puis, prenant son élan, traçait en grandes lettres rondes la morale du jour. Quand on est un peu endormi, on ne comprend pas toujours le sens de la phrase, mais la phrase va rester au tableau toute la journée et Monsieur Crolard nous la répéter à plusieurs reprises. Alors là, plus moyen d'ignorer que "L'oisiveté est la mère de tous les vices" et que "Plus personne ne croit le menteur, même quand il dit la vérité".

Un petit coup pour la route...

Patrice, lui, il a de la chance, il boit pas d'huile de foie de morue. Sa maman, pour le fortifier, elle lui donne un petit verre de vin, le matin. Nous, Patrice, on le croit pas, parce qu'on sait que le vin, c'est que pour les grands.
"Si ! il crie, Patrice, même que c'est du rouge et que ma mère, elle verse un truc dedans !"
Nous, Patrice, on le croyait pas, jusqu'à ce qu'il nous apporte triomphalement un protège-cahier qu'il avait eu à la pharmacie. Bon, d'accord, maintenant, on est bien obligé de le croire.

Ça lui réussit plutôt son médicament à Patrice. Nous, on aimerait bien essayer.

Des pleins et des déliés...

La plume ça fait rien qu'à nous embêter. C'est fait pour qu'on dessine la lettre exactement comme dit le maître. Pour un "L", par exemple, il faut monter tout doucement, tourner en haut et redescendre en appuyant plus fort pour que le trait soit plus épais avant de remonter tout en finesse. Impossible de faire autrement. Si on commence la lettre à l'envers ou si

on essaie une autre façon, la plume se tord, accroche le papier, et "platch !", le pâté est déjà là ! A croire que ce petit bout de fer est doué de vertus magiques et commandé directement par l'esprit magistral.

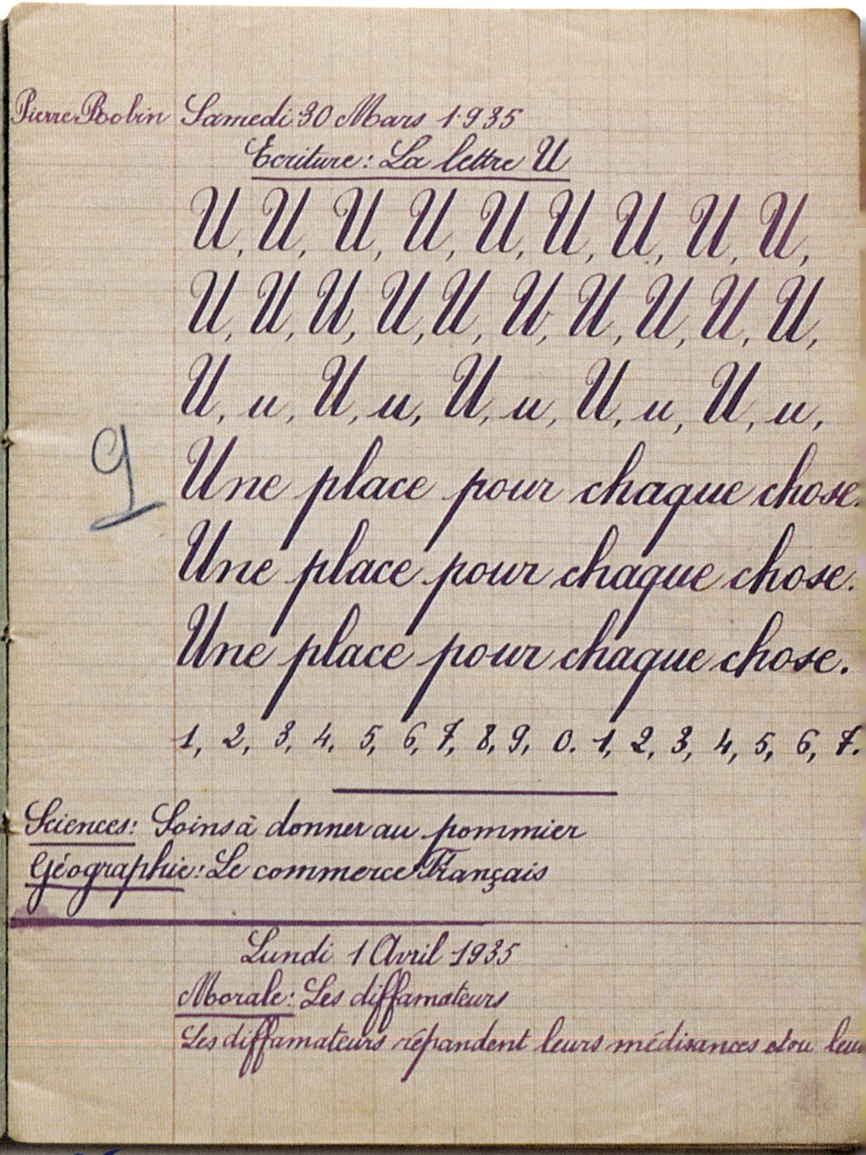

Les scoubidous de la récré...

Le nouveau jeu à la récré, c'est les scoubidous. Au début, on pensait que c'était un truc de filles et puis, peu à peu, tout le monde s'y est mis. Même Patrice. Au magasin de jouets, ils vendent des fils avec des couleurs extraordinaires. Les maîtres, ils n'en reviennent pas de la cour de récré. On est tous sous le préau, assis en tailleur avec nos paquets de fils sur les genoux.

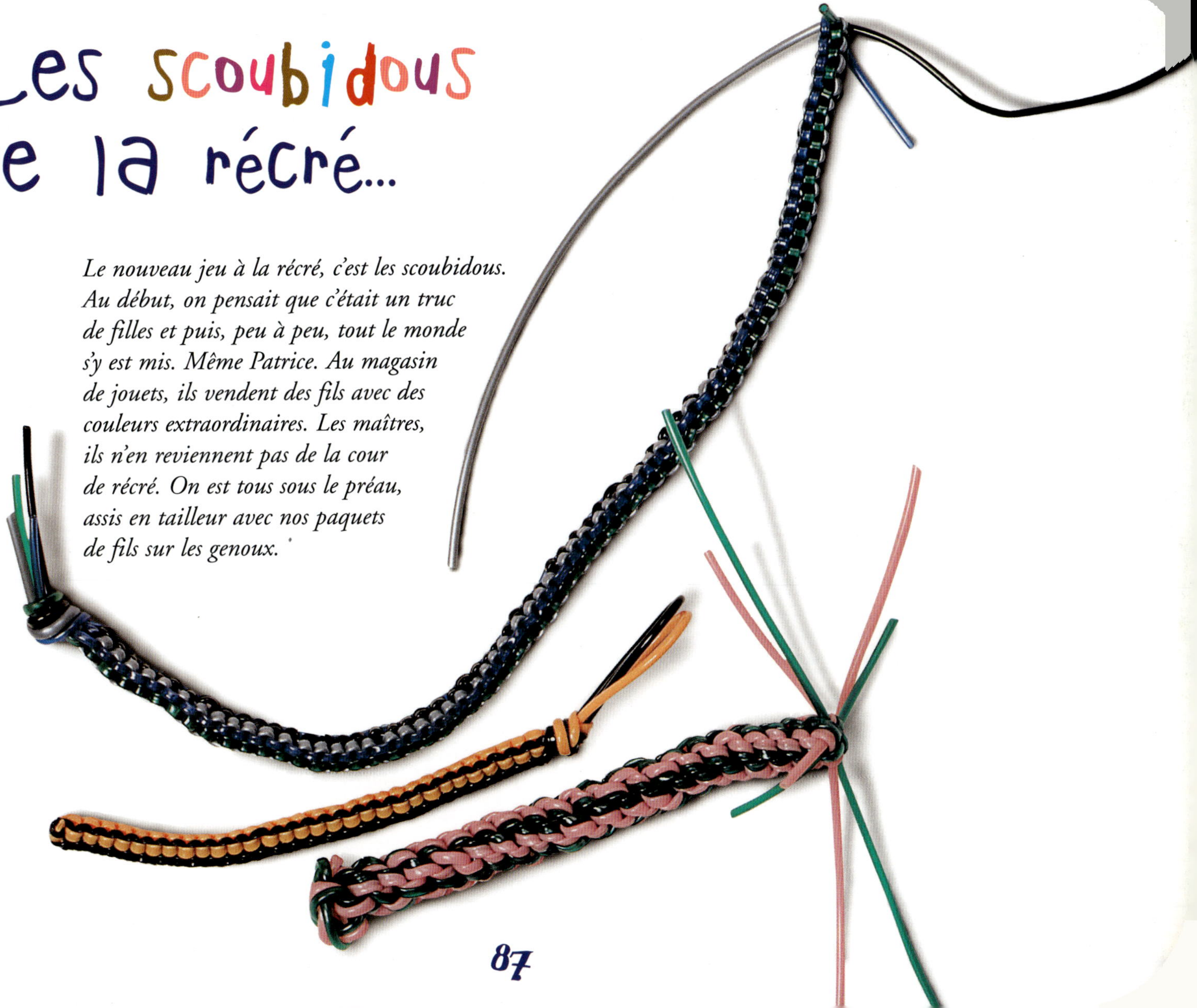

LA FRANCE
A
SOUS LES MÉROVINGIENS
Guerrier franc
Habitation Seigneuriale
Chef franc
D
SOUS LES CAROLINGIENS
Seigneur
Habitation Seigneuriale
Dame noble
B
Sceau Royal
Vase en or
Élection d'un Chef franc
Monnaie Royale
Bague
E
Sceau de Charlemagne
Lettre ornée (IXe siècle)
Assemblée Carolingienne
Monnaie
Calice
C
Costumes et Édifices Religieux
Abbé bénédictin
Église au IXème siècle
Évêque
F
Guerrier
École au IXème siècle
Guerrier
Lavisse et Parmentier.
Tableaux d'Histoire de la Civilisation française 1re
Librairie Armand Colin

Nos ancêtres les Gaulois...

Ils vivaient dans des huttes basses et ils ne craignaient qu'une seule chose : que le ciel leur tombe sur la tête ! Il paraît même que ce sont nos ancêtres. Nos arrière-arrière-arrière-arrière grands parents a dit monsieur Crolard, un sourcil froncé et un doigt levé. Le seul qui y croit pas trop, c'est Tiburce. Tiburce, il est noir parce qu'il est né en Afrique. Pour les huttes, il est d'accord, mais pour les grands-parents, avec la couleur de sa peau, il y croit pas trop. Nous on sait que c'est vrai puisque c'est Monsieur Crolard qui l'a dit.

C'est la récré !...

Monsieur Crolard a lâché le mot magique : "Vous pouvez y aller, mais en silence !" On se bouscule dans l'allée, on se comprime dans l'encadrement de la porte avant de s'éparpiller façon puzzle dans la cour. C'est la récré ! Chacun sort son jeu du moment, osselets pour les uns, billes ou petits vélos pour les autres. Les groupes se forment, les équipes aux noms vengeurs se hiérarchisent. Les rêveurs et les timides gagnent lentement un coin de la cour. C'est alors le coup d'envoi des parties de ballon, de compétitions interbilles, de joutes "chat deleau"... Au milieu de ce petit monde en ébullition, Monsieur Crolard marche de long en large sous les platanes, délaissant juste de temps en temps la lecture de son livre pour donner un coup de pied à un ballon bien imprécis ou sermonner un copain trop brutal.

La récré, c'est vraiment trop bien !

Chic, on va faire des expériences…

Moi, j'aime bien quand Monsieur Chauvel sort ses éprouvettes. On espère toujours un peu que ça explose mais Monsieur Chauvel n'est pas un rigolo. Il allume un petit bec de gaz qui fait une jolie flamme bleue et il se met à faire chauffer toutes sortes de choses dans ses fameuses éprouvettes. Ça bout, ça fume, ça bloubloute, ça change même de couleur. De temps en temps, toujours imperturbable, Monsieur Chauvel relève la tête pour vérifier l'intensité de notre soif de savoir. Tous les regards sont tétanisés par la mixture qui s'agite dans l'éprouvette. Mon copain Didier me pousse du coude : "Dis François, tu crois que son truc, cette fois, ça va péter ?"

THERMOMÈTRE
CENTIGRADE
ALCOOMÈTRE SELON GAY-LUSSAC
FILTRES LAURENT
COMPENDIUM SCIENTIFIQUE LEDOUX
COMPENDIUM SCIENTIFIQUE LEDOUX
COMPENDIUM SCIENTIFIQUE LEDOUX
COMPENDIUM SCIENTIFIQUE LEDOUX
Compendium Scientifique Ledoux
TOURNESOL

Cahier
appartenant à
Bon élève
de la ... Classe
Offert par la Société Industrielle de Spécialités Alimentaires à ses petits amis
HERAKLES
CAHIER de
Appartenant à
ÉCOLE de
LE BALLON
DINARD
LE RENARD ET LA CIGOGNE
Appartenant à
L'Esprit des Bêtes
Pages
Cahier
Constellation
CAHIER 6
ÉCOLE
CLASSE 9e
NOM F. Brigant.
TABLEAUX et PAYSAGES
SNCF
BB-9004
Le Cahier des Petits
TABLEAUX et PAYSAGES
Cahier
APPARTENANT À
DEVOIRS
COMPOSITION
Cours Élémentaire
ÉCOLE
CAHIER
Année
École
CAHIER
Appartenant à
de la ... Classe
LA BOÎTE LION NOIR À CLÉ

Cahier du jour, cahier du soir, cahier de brouillon,...

Il en faut des cahiers. Le cahier du jour, c'est pour écrire pendant la classe. Chaque jour, on met la date et puis on écrit la morale du jour. Le cahier du jour est ramassé le soir par le maître pour rester à l'école. Dans le cahier du soir, on écrit les devoirs qu'on a à faire pour le lendemain. C'est là aussi que papa et maman doivent signer des trucs que nous dicte la maîtresse comme le jour de la visite médicale ou celui de la photo de classe, par exemple.

AQUITAINE
PYR
MER
MÉDITERRANÉE
Marseille
JEAN BRUNHES
GÉOGRAPHIE
COURS ÉLÉMENTAIRE
MAISON
GALLOUÉDEC
MAURETTE
GÉOGRAPHIE
PREMIER LIVRE
MON PREMIER LIVRE DE GÉOGRAPHIE
IMAGES EN COULEURS DE P. ROUSSEAU
S. BLIN
M. KUHN
ROZOUF
DELAGRAVE
Cours Élémentaire 1re Année
CLAUDE AUGÉ
ATLAS PRÉPARATOIRE
LES EAUX COURANTES
A. FRAYSSE
GÉOGRAPHIE
COURS ÉLÉMENTAIRE 1re ET 2e ANNÉES

Et pourtant, il tourne...

D'habitude, il trône sur le haut de l'armoire au fond de la classe. On voit juste le haut. Juché sur une chaise, le maître le descend avec précaution pour le poser sur le pupitre le plus près de son bureau. Par chance, c'est le mien. Tout en expliquant l'Afrique et l'Asie, le maître le fait tourner. Je n'écoute plus. J'ai les yeux rivés sur la grande tache blanche qui évoque les glaces du pôle Sud. Je me demande bien comment est le trou qui tient l'axe. Tiens, il y a un bout du pôle qui se décolle.

Je tire un peu sur la banquise de papier jusqu'à voir la couche de plâtre sur lequel il est collé. La règle du maître frappe le bureau, me faisant sursauter.

"Bertin, mais qu'est-ce que vous faites ?"

Le séisme glaciaire en cours vient de s'arrêter net.

J'aime bien dessiner des cartes...

C'est vrai que même si j'aime pas trop la géographie, j'aime bien le dessin. Alors quand on a des cartes à faire pour un devoir de géo, je m'applique. La semaine dernière on a eu la Loire à dessiner sur tout son parcours. J'ai fait des champs, des forêts. J'ai même mis des bateaux et des pêcheurs à la ligne pour faire plus joli. J'ai eu un bon point et la maîtresse a montré mon cahier à tout le monde.

Les panneaux de lecture...

Ils sont accrochés à des clous tout autour de la classe. Madame Bobin les décroche pour les mettre sur le tableau et avec une grande règle elle suit chaque lettre en nous faisant réciter à haute voix. Avec Didier, on essaie de crier le plus fort qu'on peut.

EXCELLENT BUVARD A CONSERVER
VOLACRINE
le vrai VOLACRINE castagné
sauve vos volailles !
- Oh, tes poules malades sont déjà guéries ?
- Bien sûr, maman les a ressuscitées avec le VOLACRINE !

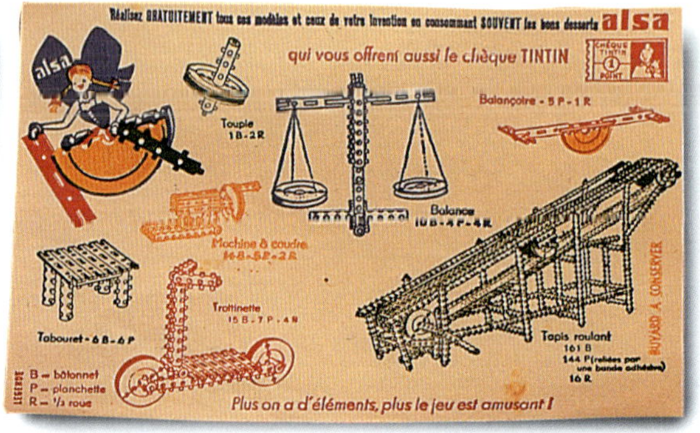
alsa
qui vous offrent aussi le chèque TINTIN
alsa
Toupie 1B-2R
Balançoire - 5P-1R
Balance 10B-4P-4R
Machine à coudre
Tabouret - 6B-6P
Trottinette
Tapis roulant
BUVARD A CONSERVER
B = bâtonnet
P = planchette
R = 1/2 roue
Plus on a d'éléments, plus le jeu est amusant !

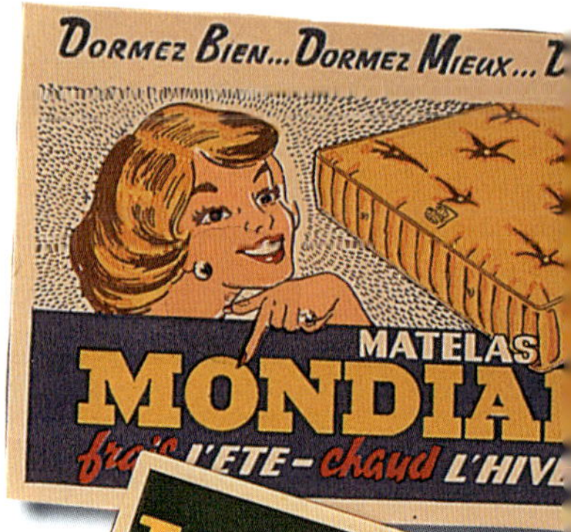
DORMEZ BIEN... DORMEZ MIEUX...
MATELAS
MONDIAL
L'ETE - chaud L'HIVER

ÉTABLISSEMENTS CONCHON-QUINETTE - MANUFACTURE DE CONFECTIONS
Clermont-Ferrand
La plus importante Manufacture Française DE VÊTEMENTS
Clermont-Ferrand
Vendant directement au Consommateur
Entrée Libre
HABILLEZ-VOUS
BUVARD
A LA GRANDE FABRIQUE
Vêtements Conchon-Quinette
Rue Notre-Dame - GUINGAMP - Rue Notre-Dame
Mêmes Maisons à : CALLAC et ROSTRENEN
VÊTEMENTS POUR HOMMES
Jeunes Gens, Enfants
BONNETERIE — CHEMISERIE
RAYON SPÉCIAL POUR DAMES
Toilettes de Mariées
Dernières Nouveautés :-: Meilleurs Prix
PRIX FIXES MARQUES SUR TOUS NOS VÊTEMENTS

BUVARD
AMORA
LA MOUTARDE DE DIJON DANS SON VERRE "GIVRE ET OR"

TARTINETTE
la première
CRÈME DE GRUY

LE GRAIN DE LAIT SOLUBLE
LAIT EN POUDRE 26% Matière Grasse
Granulés solubles
QUICK-LAIT
FRANCE-LAIT
instantané
Au Service de votre santé
Au Service de la famille
LAIT ÉCRÉMÉ EN POUDRE
Granulés solubles
RÉGI-LAIT
FRANCE-LAIT
instantané
FRANCE-LAIT
SAINT-MARTIN-BELLE-ROCHE (Saône-&-Loire)
Les Usines les plus Modernes d'Europe.
BUVARD "EFGE"

MUSIQUE
ou
LUMIÈRE
PILE WONDER
c'est toujours... PILE WONDER
NE S'USE QUE SI L'ON S'EN SERT

PAIN D'ÉPICES
BROCHET

Les durs à la tache…

Les buvards, c'est super. Quand on va faire des courses avec Maman, dans les magasins où elle est connue, le monsieur ou la dame du magasin nous donne quelquefois un petit cadeau après avoir demandé si on travaillait bien à l'école. Moi, j'aime bien quand c'est des buvards. Tous ceux que j'ai, je m'en sers pas. Je les garde bien rangés dans un protège-cahier du chocolat Suchard. Pour l'école, j'ai un vieux petit bout de buvard, toujours le même. A force, il est tout violet avec un peu de reste de rose et plein de mots écrits à l'envers.

Le matin y a calcul…

…l'après-midi, c'est lecture.

FLANDRES
BRILLANTINE
SURFINE
O CAP
LAVANDE

La toilette du matin...

Maman est déjà passée me réveiller. Je garde encore la pression de sa main sur l'édredon. "Lève-toi François, tu vas être en retard !" La journée n'est pas encore commencée et je dois déjà me dépêcher. La tête encore embrumée, je dois chasser les derniers rêves de la nuit, repousser, d'une main qui se veut ferme, les draps et le lourd édredon et affronter le froid du parquet. J'attrape mes vêtements posés sur la chaise : ma chemise à carreaux, mon chandail en laine bleue et ma culotte courte. Les pantalons, c'est pour les grands. J'entends la voix de Papa qui finit de prendre son petit déjeuner.

Alors qu'une simple "toilette de chat" pourrait largement faire l'affaire, Maman attend devant la cuvette avec le gant de toilette à la main. Les yeux encore gonflés de sommeil, je me laisse faire. Elle n'oublie même pas les oreilles...

“Oh M’sieu, M’sieu, regardez, un hanneton !”

C’est Didier qui a poussé le cri. L’insecte perdu vient de rentrer dans la classe par la fenêtre restée ouverte et traverse lentement la salle pour une destination inconnue. Malgré les remontrances du maître, rien ne peut endiguer l’excitation qui gagne les pupitres. La lourde et ronflante arrivée de l’intrus dans la salle de classe est le signe annonciateur du printemps, du retour des beaux jours et des longues soirées dehors. A la récréation, les pauvres insectes qui atterrissent dans la cour sont immédiatement saisis par les élèves plus grands qui attachent un petit bout de fil à coudre autour d’une des pattes. Et devant les yeux émerveillés des plus petits, les hannetons prisonniers se mettent à tourner en vrombissant.

L'école quand j'étais petit, ça ressemblait un peu à ça...

A apprendre par cœur...

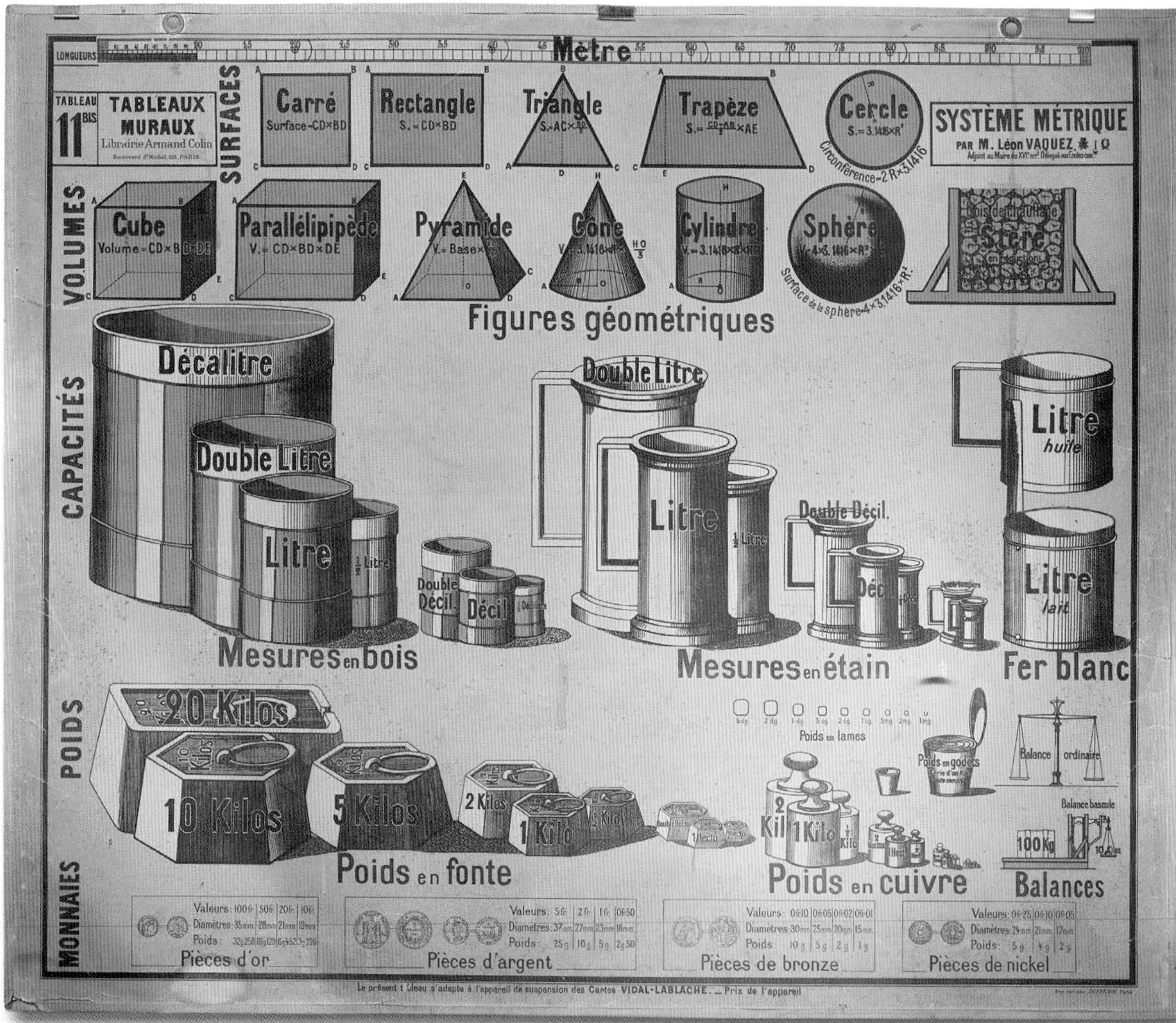

Les devinettes de Madame Bobin...

Quand on a été très sages, Madame Bobin nous gratifie d'un bon point. Là où ça devient intéressant, c'est qu'avec 5 bons points on a en échange une petite image ou, beaucoup plus intéressant, une image avec deux devinettes. Didier, il est champion pour les devinettes. Il est capable de retrouver la tête de la vieille dame dans la voiture du livreur ou de détecter le cheval dans les nuages.

10
11
12
13
14
9
7
8
6
15
16
1
5
4
3
480
30
96
5
78
77
76
75
74
73
72
71
70
69
66
65
19
17
18
20
21
22
44
42
45
47
48
25
23
27
26
24
29
28
30
31
32
41
40
46
39
38
36
37
35
33
34
51
49
50

Grand-Père, c'était comment quand tu allais à l'école ?...

C'était comme maintenant ou c'était pas pareil ? Alors, comme nous, il y avait des maîtres et des maîtresses, des coups de règle sur les doigts et des heures au piquet ? Il y avait aussi l'imparfait du subjonctif, les devoirs le soir, les tables de multiplication et des carnets de notes à signer. Il y avait aussi, et surtout, les copains. "Des camarades de classe" a rectifié grand-père, les yeux perdus dans ses souvenirs.

Quelques exercices pour nous rappeler

Au fait, c'était comment les devoirs du soir, les problèmes de robinets et de trains qui se croisaient, les accords du participe passé ? Sauriez-vous encore tracer ces lettres et ces mots qui ont bercé votre enfance ? Et votre table de multiplication, sauriez-vous la réciter sans une hésitation ?
Je vous propose de retrouver tout le charme de votre enfance.
Vous allez voir, c'est comme le vélo, ça s'oublie pas.

Construction de phrase

Comment chaque travailleur se rend utile.
Faites parler le bûcheron, le bourrelier, le laboureur, le moissonneur, l'ouvrier d'usine, le maquignon, le peintre en bâtiment, le vendeur d'essence, sous la forme suivante : C'est moi qui abats les arbres, dit le bûcheron.

Problème

Le poêle de l'école brûle par jour la moitié d'un seau de charbon contenant 30 kilos. Le charbon coûte 30 francs la tonne. Que doit dépenser l'école pour être chauffée tous les jours du 10 octobre au 10 mars.

Conjugaison

Exercice 1 :

Conjuguez au passé composé :

"J'ai apporté les chaussures que j'avais achetées."

Exercice 2 :

"J'ai mis la veste que j'avais reçue."

Conjuguez en remplaçant aux diverses personnes "veste" par : le gilet, les galoches, la casquette, la cravate, les guêtres, le paletot.

Exercice 3 :

Conjuguez le verbe "se rapprocher" à l'imparfait et au passé composé.

Grammaire

Dans le texte suivant, écrivez au présent les verbes mis entre parenthèses, et marquez d'une croix les sujets.

Les bruits de la fête.

L'après-midi, nous (arriver) à la fête. Les chevaux de bois (tourner), les carabines (claquer) ; les pâtissiers (offrir) leurs gâteaux et leurs galettes ; les confiseurs (crier) pour vendre leurs nougats et leurs bonbons ; un lutteur (jouer) du clairon, un clown (battre) de la grosse caisse ! Quel bruit et quelle animation !

Calcul mental

Une mercière revend 3,45 F le mètre de calicot qu'elle a payé 2,80 F. Combien gagne-t-elle sur une longueur de calicot de 13 mètres ?

Calcul

Problème 1 : Un robinet débite 9,20 litres à la minute. Combien de temps faudra-t-il, exactement, en minutes et en secondes, pour remplir un tonneau de 204 litres de contenance, en tenant compte du fait que le tuyau de remplissage est percé et laisse échapper 0,64 litre d'eau à la minute ?

Problème 2 : On veut peindre à deux couches un panneau en forme de losange dont les diagonales ont 1,45 m et 2,50 m. Quelle est la dépense, si le mètre carré de peinture coûte 2,75 F ?

Problème 3 : Deux trains doivent faire le même trajet de 240 kilomètres. L'un est omnibus et fait 45 kilomètres à l'heure. L'autre est express et parcourt 75 kilomètres en une heure. Le premier part à 7 h 1/2 du matin. A quelle heure, l'autre devra-t-il partir pour arriver en même temps à destination ?

Problème 3 : Un débitant vend 0,83 F le litre de vin qui lui revient à 0,51 F. Combien gagne-t-il sur un panier de 12 litres, sur une pièce de 228 litres ?

Les écoliers

Récitation

Sur la route couleur de sable
En capuchon noir et pointu,
Le "moyen", le "bon", le "passable"
Vont à galoches que veux-tu
Vers leur école intarissable.

Ils ont dans leurs plumiers des gommes
Et des hannetons du matin,
Dans leurs poches, du pain, des pommes,
Des billes, ô précieux butin
Gagné sur d'autres petits hommes.

Ils ont la ruse et la paresse
–Mais l'innocence et la fraîcheur –
Près d'eux, les filles ont des tresses
Et des yeux bleus couleur de fleur
Et de vraies fleurs pour la maîtresse.

Puis, les voilà tous à s'asseoir
Dans l'école crépie de lune,
On les enferme jusqu'au soir
Jusqu'à ce qu'il leur pousse plume
Pour s'envoler. Après, bonsoir !

Ça vous fait des gars de charrue
Qui fument, boivent le gros vin,
Puis des ménagères bourrues
Dosant le beurre et le levain.
Billevesées, coquecigrues,
Ils vous auront connues en vain.

Dans leurs enfances disparues.

Maurice Fombeure

merci...

A tous mes maîtres, institutrices et professeurs, ceux que j'ai cités dans ce livre et tous les autres qui sont venus après. Qui m'ont supporté et quelquefois compris.

A toute ma ribambelle de copains et de copines qui ont rendu ces années de petiteenfance si merveilleuses.

A mes parents qui ont très vite compris que je n'étais pas fait pour les études.

A tous, merci.

Un grand Merci à Pascal Courault pour sa gentillesse et son enthousiasme.

Vous voulez vous replonger dans le charme d'une authentique école de jadis ? Le Musée rural de l'éducation des Côtes d'Armor à Bothoa, à côté de Saint-Nicolas-du-Pelem, et son instituteur, Monsieur Sohier, vous attendent pour ce bond dans le passé. Vraiment un moment merveilleux !

Les objets photographiés dans ce livre proviennent de collections privées et des collections du Musée de l'école rurale de Bothoa dans les Côtes d'Armor, du Musée de l'école rurale de Trégarvan dans le Finistère et du Musée de l'éducation des Côtes d'Armor.

Que tous soient remerciés de leur gentillesse et de leur action en faveur de la préservation de notre patrimoine scolaire.

Des bons points pour ceux qui n'en ont jamais eu…

Pour les "passable", les "médiocre", les "honte de vos parents", voici un petit cadeau.
Prenez une paire de ciseaux et décernez-vous un bon point.
Vous verrez, ça soulage et surtout, ça ne fait de mal à personne.

BON POINT
BON POINT
BON POINT
BON POINT
BON POINT
BON POINT
BON POINT
BON POINT
BON POINT
BON POINT
BON POINT
BON POINT
BON POINT
BON POINT
BON POINT
BON POINT

Éditeur : Servane Biguais
Conception graphique : François Bertin
Mise en page : Ad Lib
Photogravure : Micro'Linx (35)
ISBN 2.7373.3872.7
n° d'éditeur : 5066.01.12.10.05
Dépôt légal : octobre 2005

Imprimé en Chine par holinail, Paris